> 战略永远是大胆的。无论是国家、地区、军事单位、经济实体还是最困难的——正在为了实现理想而改变命运的个人,都要充满勇气去寻找最正确的运动矢量,以实现战略规划对象的利益。
>
> ——弗拉基米尔·昆特

战略规划概观

The Concept of Strategizing

［俄］弗拉基米尔·昆特（Vladimir Kvint） 著

于爱华 译 徐晓书 校译

上海大学出版社
·上海·

图书在版编目(CIP)数据

战略规划概观 /（俄罗斯）弗拉基米尔·昆特著；于爱华译；徐晓书校译. -- 上海：上海大学出版社，2021.1(2021.10重印)
 ISBN 978-7-5671-4149-0

Ⅰ.①战… Ⅱ.①弗… ②于… ③徐 Ⅲ.①经济战略—经济规划—研究 Ⅳ.①F21

中国版本图书馆CIP数据核字(2021)第010024号

责任编辑　石伟丽
装帧设计　柯国富
技术编辑　金　鑫　钱宇坤

战略规划概观

[俄]弗拉基米尔·昆特（Vladimir Kvint）　著
于爱华　译　徐晓书　校译

上海大学出版社出版发行
（上海市上大路99号　邮政编码 200444）
(http://www.shupress.cn 发行热线 021-66135112)
出版人　戴骏豪

*

江阴市机关印刷服务有限公司印刷　各地新华书店经销
开本　710mm×1000mm 1/16　印张 15　字数 300 千
2021年1月第1版　2021年10月第2次印刷
ISBN 978-7-5671-4149-0/F·210　定价: 88.00 元

版权所有　侵权必究
如发现本书有印装质量问题请与印刷厂质量科联系
联系电话：0510-86626877

作者简介

弗拉基米尔·昆特（Vladimir Kvint）为俄罗斯科学院院士，曾师从1975年诺贝尔经济学奖得主列奥尼德·康托罗维奇（Leonid V. Kantorovich）教授。现任莫斯科国立大学经济学院教授、金融战略系主任和战略研究中心主任，俄罗斯国民经济与公共管理学院西北管理学院经济与金融学院研究主管，俄罗斯科学院中央经济数学研究所首席研究员，世界艺术与科学学院院士。曾任维也纳经济大学（奥地利）战略与管理系统教授、美国福特汉姆大学和拉萨尔大学教授，被多所大学授予名誉博士学位。

担任俄罗斯科学院中央经济与数学研究所学术委员会成员，《工业经济》主编，《经济与数学方法》《管理咨询》《国际新兴市场》等期刊编委会成员。作为全球新兴市场理论和通用战略理论的创始人和开拓者，出版的专著有《全球新兴市场：战略管理与经济学》《全球市场战略：理论与实际应用》等近60部，发表学术论文530多篇。曾获友谊和荣誉勋章、康德拉捷夫（N. Kondratyev）金牌、富布莱特（Fulbright）奖，以及俄罗斯、奥地利、阿尔巴尼亚、比利时、保加利亚、英国、哈萨克斯坦、中国、吉尔吉斯斯坦、斯洛文尼亚、美国、土耳其、乌兹别克斯坦、乌克兰等多个国家的科学奖项。

目　录

序　聂永有 / 1

致读者　弗拉基米尔·昆特 / 7

战略规划的关键定义 / 11

第一章　战略理论的哲学基础 / 17
第二章　战略家的个性与专业才能 / 29
第三章　战略思维 / 39
第四章　战略系统的定律 / 53
第五章　战略制定 / 63
第六章　战略实施 / 81

The Concept of Strategizing
战 略 规 划 概 观

第七章　战略管理体系概观 / 101

第八章　战略领导和管理的职能 / 113

本书的精华 / 121

附录 / 135

国家和区域分类系统的战略必要性 / 137

主要国际组织对国家分类的战略缺陷 / 143

国家和区域分类的战略方法 / 153

弗拉基米尔·昆特的主要著作 / 175

专家对弗拉基米尔·昆特著作的点评 / 193

弗拉基米尔·昆特部分社会活动留影 / 199

后记 / 229

序

  有幸先睹为快，拜读了俄罗斯科学院（RAS）外籍院士、莫斯科国立大学弗拉基米尔·昆特教授的《战略规划概观》书稿，受益匪浅。

  战略（strategy）一词来源于古希腊的"stratagla"，是一个与军事有关的词语，其原意是指为实现战争目的而对军事力量进行的全局性部署和指挥。中国伟大的军事家孙武在公元前360年撰写的《孙子兵法》，就是一本军事战略方面的书籍，至今仍受到世界各国的广泛重视。

  战略是指长远的、全局性的计划和任务，是"将军指挥军队的艺术"，"它依据敌对双方的军事、政治、经济、

The Concept of Strategizing
战 略 规 划 概 观

地理等因素,照顾战争全局的各个方面,规定军事力量的准备和运用"。克劳塞维茨(Karl von Clausewitz)在其巨著《战争论》中指出:"战略是为了达到战争的目的而对战斗的运用。"

毛泽东在《中国革命战争的战略问题》中提出,"战略问题是研究战争全局的规律的东西","凡属带有要照顾各方面和各阶段的性质的,都是战争的全局。研究带全局性的战争指导规律,是战略学的任务"。

著名管理学家明茨伯格(Henry Mintzberg)认为:战略是计划,战略是定位,战略是模式,战略是计谋,战略是透视。

长期以来,虽然人们一直在争论军事战略原理对社会其他领域的普遍适用性,但是,越来越多的人承认军事战略对各种管理活动有着非常重要的借鉴作用。除军事领域的应用外,战略的价值与理论同样适用于诸如政治、经济等其他领域。

昆特教授在《战略规划概观》一书中,系统而又全面地阐述了他的战略管理思想。全书共分八章,第一章为战略理论的哲学起源。从3000年前的军事战略说起,分析了战略家和哲学家分析问题时的不同特点。第二章为战略家的个性和专业才华。要想成为战略家,第一步需要培养战略思维:将思维方向彻底调整到长期前景,重新调整自己寻找意想不到的不对称解决方案，并形成自己对能够创造或增强竞争优势的创新的看法和理解。第三章为战略思维。首先介绍了"新视野战略""优化战略"和"组合战略"三种战略思维方式，接着详细分析了昆特战略规划的"十五项原则"。第四章为战略的系统和规律。战略实践需要制定各种类型和视野的战略的基础知识和指南。战略本质上是系统的、多学科的现象。这种多维性体现在结构上，它是分等级的，有国家战略、区域战略和企业战略，所有这些类型和级别的战略相互影响、相互作用。第五章为战略规划。首先分析了战略规划和计划的相互关系，接着介绍了战略规划的两个步骤，分析使命及愿景的主要组成和相互关系，阐述目标设定和专项计划。第六章为战略实施。主要介绍了实施战略的战术选择、战略资源评估、战略实施领域、战略威胁以及退出战略。第七章为战略管理系统框架。主要介绍了战略组织架构、战略决策过程以及风险管理。第八章为战略领导和管理的职能，重点分析战略计划、战略激励体系和战略监控。

昆特教授是我十分敬重的一位前辈学者，他的学术生涯丰富多彩，令人十分敬仰。他是采矿电气工程师，经济学博士，俄罗斯科学院外籍院士，莫斯科国立大学教授、经济学院金融战略系主任、战略研究中心主任。

The Concept of Strategizing
战 略 规 划 概 观

　　1975 年，在其导师——著名经济学家列奥尼德·康托罗维奇教授获得诺贝尔经济学奖的当年，获得经济学副博士学位。随后先后在苏联科学院西伯利亚分院、苏联科学院经济研究所工作，1988 年获得经济学博士学位。1988—1990 年任维也纳经济大学经济政策客座教授；1990 年起，先后在美国福特汉姆大学、宾夕法尼亚州拉萨尔大学、纽约大学斯特恩商学院等高校任教 20 多年。2007 年，昆特教授返回俄罗斯，担任莫斯科国立大学教授，在此期间，先后被美国、俄罗斯、乌兹别克斯坦、乌克兰、阿尔巴尼亚、斯洛文尼亚等 10 个国家的 12 所大学授予名誉博士学位。

　　昆特教授曾获得美国富布赖特经济学奖、投入产出领域最高奖——列昂季耶夫奖等 10 多项各类奖项。2006 年当选俄罗斯科学院外籍院士，2010 年当选美国世界艺术与科学学院院士。

　　昆特教授先后用英文、俄文、波兰文等语言出版了 58 部著作，发表学术论文 530 多篇。本书是昆特教授著作的第一个中文版，相信通过本书的出版发行，中国的学者能够更多地了解昆特教授及其学术成果。

　　第一次与昆特教授相见是 2018 年 8 月在莫斯科大学经济学院，面对着贸然来访的中国同行，昆特教授以及莫斯科大学经济学院的领导和老师们给予了我们热情的接待。双方交流非常融洽,达成了开启双方合作的共识,其间昆特教授给我们留下了深刻的印象。

第二次重逢是在2019年5月。应上海大学的邀请,昆特教授来我校访问,作为"国际大师讲坛"的演讲嘉宾,为全校师生做了题为"追溯战略理论"的学术报告。同时,应邀担任上海大学兼职教授,并达成了上海大学产业经济研究中心与莫斯科大学战略研究中心的合作协议,出席了莫斯科大学战略研究中心在上海大学经济学院的办公室揭牌仪式。

2019年6月,我们再访莫斯科大学时,受到了昆特教授的热情接待,应邀参观了昆特教授主持的莫斯科大学战略研究中心,并有幸成为该中心的研究员。10月,我们的三名研究生赴莫斯科大学战略研究中心,进行为期三个月的访问与学习,使双方的合作越来越广泛。

尽管与昆特教授相识仅仅两年,但彼此的合作不断走向深入,未来几年中还有多项合作计划在等待着我们。即使身在莫斯科,昆特教授也应邀通过网络来为我们的学生讲授战略管理理论与实践。相信我们的学生会从中得到满满的收获。

当今世界风云变幻,各大国之间的关系充满了矛盾与冲突,逆全球化的思潮甚嚣尘上,给未来的发展带来了极大的不确定。在这特殊的历史时期,更需要我们有

The Concept of Strategizing
战 略 规 划 概 观

战略眼光和博大的胸怀去应对这变幻莫测的世界。此刻,在中国正式出版昆特教授的《战略规划概观》一书,无疑有着十分重要的现实意义。

承蒙昆特教授厚爱,由我来为本书的中文版作序,我感到既十分荣幸,又非常忐忑,在昆特教授的一再鼓励之下,写下了以上的文字。在这里,遥祝昆特教授健康快乐,硕果累累。期待着能够在上海与昆特教授再次相会。

上海大学经济学院执行院长、教授

2020 年 9 月

致读者

每个人在思考自己的人生道路时,都试图展望并评估未来。这种贯穿一生的思考给几乎整个人生带来了希望、怀疑乃至恐惧。从古至今的历史文献中记载了许多神谕、预言以及专家对未来预估的例子。随着时间的流逝,尽管大多数这样的预测和幻想已被遗忘,但其中的一些经典仍然承载着人类数千年的热情和希望。这类例子包括所有主要宗教的经典以及古埃及、中国、中世纪和近代历史的相关记载。总体而言,人类文明时期充满了对未来的探索和认识,充满了对已实现和未实现的愿景、预测和计划的评估与分析。

在这种背景下,对研究未来的专业人员总是有迫切

The Concept of Strategizing
战 略 规 划 概 观

需求。这种需求不仅吸引了才华横溢的天才们,也吸引了招摇撞骗者和一知半解者。随着国家和各级政府部门的决策对社会所有阶层成千上万甚至数百万人的生活产生的可预见的长期影响,决策评估时对于未来的理解变得愈发重要。这种趋势促使了新的科学和研究领域的产生,也促使了大批学者和相关专业的从业人员毕生致力于研究未来。

这种设定目标并有效实施的科学和专业的兴起与发展促使 19 世纪初在军事科学领域出现了一个关于分析、论证和实践的新领域——战略。根据海因里希·约米尼(Heinrich Jomini)和克劳塞维茨将军的著作,这个词最早出现在古希腊,且其重要性在历史中不断得到印证并产生了新的含义——适用于未来竞争生态的针对性行动科学。在战争理论和实践之外,作为一种研究长期愿景如何实现和合理推进的科学,战略的研究发展得非常缓慢,仅在 20 世纪中叶才被应用于商业和公共行政领域。在那个时期,被称作计划理论,也即之后的预测理论,得到了积极的发展。同时,与此相关的应用经验也促进了新的实践领域的形成和发展以及随之产生的近百年来不断增长的需求。然而,直到在 20 世纪末和 21 世纪初,战略才作为一种实践得到了稳步发展。战略分析以及对未来使用分析所取得的

致读者

一些成果导致了对专业战略家这种新型职业需求的出现。该行业的专家越来越多地参与战略规划过程，包括战略的制定和实施。

在本书中，我试图总结45年来自己在职业战略规划方面所学到的全部知识和经验。我参与制定过当前规划和五年计划以及地区性、部门性和国家层面的长期规划。在这些过程中，我逐渐意识到战略分析方法对于相关领域从业人员的重要性。在制定和实施通向未来愿景的战略中，我们使用了新的高质量的预测方法，这些预测有助于战略方案的形成和需要资源保障的战略。这种方法极大地提高了这些战略计划实施后的质量、成功程度和有效性。我在此前的两本已在英国、美国和俄罗斯出版的学术专著《全球新兴市场：战略管理与经济学》和《全球市场战略：理论与应用》中加入了我对战略理论科学研究和战略规划领域实践活动的成果。然而，负责制定并实践战略的人很难有时间阅读长篇的学术著作，而且他们最需要的也是解决相关问题的有效方法和实用建议。为了满足国家和地区领导人、各部门和企业的高级管理人员以及军队指挥人员的迫切需要，我决定写一本简明的《战略规划概观》来介绍我的战略理论和战略规划方法论基础。

从这个意义而言，这本书是对我多年战略理论研究

The Concept of Strategizing
战 略 规 划 概 观

和制定战略实践经验的摘要。本书的精简版最初由俄罗斯总统国家经济与公共管理学院西北管理学院2014年出版。2017年，斯洛文尼亚滨海边疆大学出版社出版了该书的改进版本。到2019年初，结合读者对以前版本的建议，以及过去五年我在制定战略和为制定战略的领导者与实践者提供建议方面获得的新经验，我对本书进行了定性修改。2019年2月，更完整和丰富的新版《战略规划概观》由俄罗斯总统学院的出版社再次发行。短短几个月内，这本书被乌兹别克斯坦、波兰、阿尔巴尼亚、蒙古和吉尔吉斯斯坦等国出版社翻译和出版，而且其他一些国家的出版社也正计划出版。在俄罗斯，想买到这本书几乎是不可能的了。因此，我非常感谢上海大学及其经济学院的领导——执行院长聂永有教授和副院长毛雁冰副教授主动提出出版《战略规划概观》中文版。我也非常感谢本书的译者于爱华女士和对本书进行校译的徐晓书副教授。

我希望本书有助于提高您主持或正在参与的处于制定或实施阶段的战略方案的质量和有效性。

带着幸福、成功和顺利的祝福

弗拉基米尔·昆特

战略规划的关键定义[1]

---

[1] 基于弗拉基米尔·昆特的专著《全球新兴市场：战略管理与经济学》的研究成果（劳特利奇出版社2009年出版的英文版；预算出版社2012年出版的俄文版）。部分内容在2020年进行了加工和补充。

战略是探索、形成和发展一个方案的体系。将战略实施贯彻到底可确保长期成功。

战略是基于战略思维、综合性知识和直觉对环境因素以及现有的对于未来的预测进行系统分析后的成果。

该分析的最终产物是一个正式战略，它将新的预测、使命、愿景、战略重点和长期目标与具有详细方案的任务相结合。它需要通过战略计划的实施来实现，而其合法实施需要受到战略监测系统的监督。

战略可以为战略重点和目标在未知的未来指明方向，

The Concept of Strategizing
战 略 规 划 概 观

是智慧乘以精确计算的资源限制后产生的进攻矢量。

******

战略家是一个有智慧的和自律性的进行战略规划的人。

战略家能迅速意识到新的全球格局,深刻了解战略规划对象的基本价值和相关利益,从而提高战略执行的成功率和规划对象的声誉。

******

战略管理是确保战略制定和长期实施的体系形成与运行的过程。战略管理理论包括有助于实现战略规划对象的基本价值和相关利益的竞争优势、优先事项、目标和任务等方面。

******

全球经济秩序(GEO):是全球秩序的子系统,保证了与全球性、区域性、国家性机构进行的商业合作的相对稳定。全球经济秩序主要刺激全球市场和地球共同体的进化发展。它表现出了企业、国家和经济组织尊重人权、尊重国家或区域利益及全球标准和协定的愿望,为全球市场进行的竞争和合作提供了可供

战略规划的关键定义

遵循的规则和传统。

******

外国直接投资（FDI）： 外国直接投资的经济和战略基础来自国外潜在的竞争优势——性价比优良的劳动力、可用资本、有效的管理体系、专业知识和技术。在风险可控且拟采用的战略符合技术—经济论据的情况下，这些竞争优势可以在更短的周期内带来更多的回报。

******

外国直接投资中存在的风险在跨国商业中是固有的，与公司外部环境或内部资源所面临的各种可预测或不可预测的负面变化相关。这些风险可能产生可控或不可控的后果，从而导致潜在的战略损失。

******

正式战略是战略规划的最终产物。它综合现有的最新预测，反映了战略规划对象的社会价值和利益。它由以下部分组成：

◎ 使命
◎ 长期愿景（原则、利益、通过竞争优势确保的

战略重点）

◎ 目标

◎ 目标实施计划，包括如何进行资源保障

◎ 方案

◎ 实施方案的战略计划

◎ 战略管理和战略执行监督系统

第一章
战略理论的哲学基础

第一章　战略理论的哲学基础

尽管战略思维已经被运用于军事和国家各权力机构三千多年，现代世界还是经常低估或忽略战略思维和战略本身的重要性与有效性。这也使得针对各种战略现象的知识体系以及对战略本身的具体理解都极其欠缺。不同于大多数其他科学，战略理论作为一种独立类别的学科和领域，目前正处于其形成和发展的初期阶段。

******

战略家和领导者应认真研究、深入分析和理解各类战略和其中所蕴含的原则与规律，以及指导战略思维和战略规划过程的准则。这些知识涉及对古代和后来的经典哲学（主要是本体论和存在主义的）著作、古典军事著作和分析著作的研究，以及指导决策过程的现代理论。

******

尽管多数哲学家并未提出明确的战略建议，但是他们的哲学著作可以帮助战略家丰富思想，以进行战略规划的实践。

现代战略家可以深化他们的战略思维，积累他们的经验，并通过分析历史、神话和当代领导人的著作和案例来改善他们的实践。（如图1—图6所示）

******

战略家专注于整体和部分间的相互关系。在这个意义上，哲学家和战略家有很强的相似性，因为他们都拥有对未来的愿景，以及对环境和事实的深刻理解。而他们的不同之处在于，哲学家主要关注的是被事实支持的结论，而战略家则更关心未来，包括经济过程、公共利益以及新兴技术和创新。

战略家对于现实某种程度上的忽视是因为当前的事实和事件对未来可能是微不足道的，或者影响比之前预测的要小。

第一章　战略理论的哲学基础

● **最大的贡献**

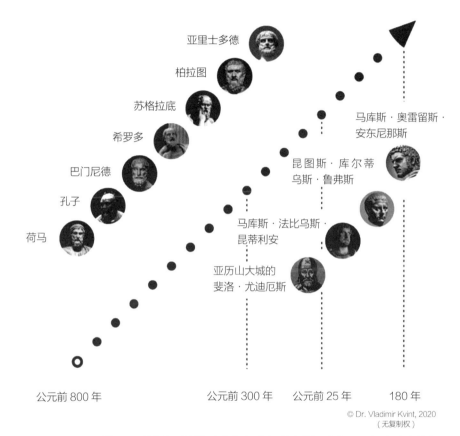

图 1　对战略理论的形成产生重大影响的哲学家和思想家（古代）

战略家专注于在构想的未来环境中创造新的战略、战略重点和方案。但是，即使对于具有长期愿景和设计思维的战略家来说，未来仍然不可以完全预测。正因如此，战略家和哲学家在分析事实和得出结论的方式上以及将事实纳入其工作的方式上存在差异。事实对于战略

The Concept of Strategizing
战 略 规 划 概 观

● 最大的贡献

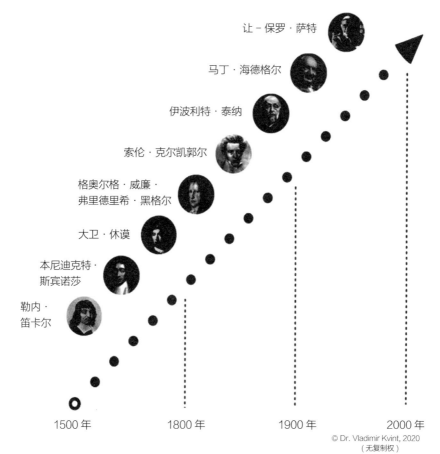

图 2 对战略理论形成产生重大影响的哲学家和思想家（近代和现代）

家的分析是必要的，但不一定要包含在任何正式的战略方案中。

战略思维和哲学思想源于许多各不相同的传统和流派。运用本体论方法分析亚里士多德的事物的现实和美好生活这两个概念，可为以改善生活质量为目标的战略

第一章 战略理论的哲学基础

● 最大的贡献

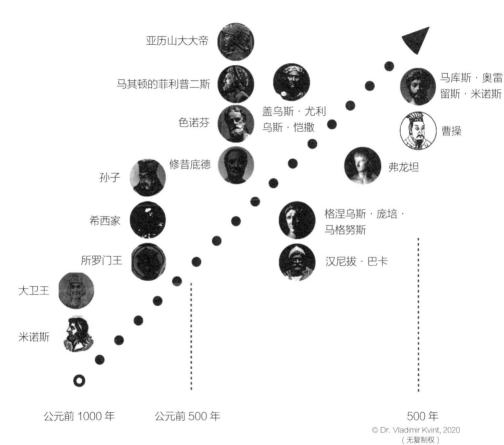

图3 对战略理论形成产生重大影响的战略家和领导者（古代Ⅰ）

确定方向。由此可以得出美好生活概念的相关类别。而存在主义是另一种哲学方向，以自由选择为基石之一，将其确定为战略的原则和假设之一，并为战略规划过程中的自由选择创造条件。

The Concept of Strategizing
战 略 规 划 概 观

● 最大的贡献

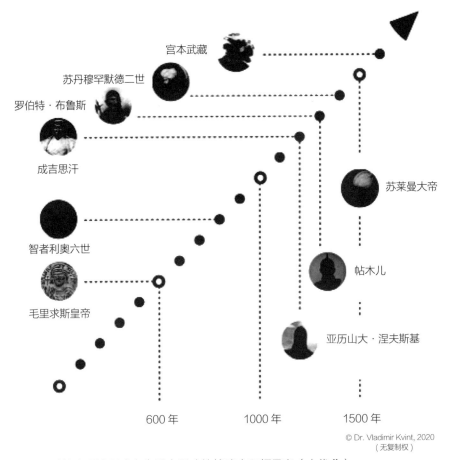

图 4　对战略理论形成产生重大影响的战略家和领导者（古代Ⅱ）

※※※※※※

当未来（包括社会过程和经济主体）对即使具有远见的战略家而言仍然有很大的不确定性时，专业的战略家会寻找并实践新的战略前景，选择战略重点并制定方案。

第一章 战略理论的哲学基础

● 最大的贡献

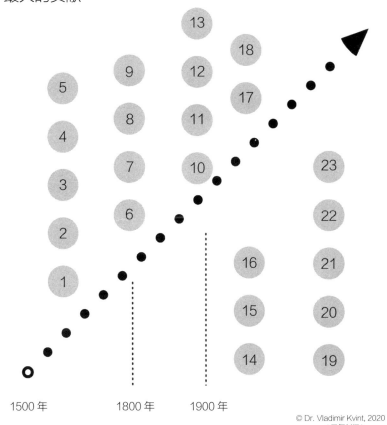

© Dr. Vladimir Kvint, 2020
（无复制权）

1. 彼得大帝
2. 弗雷德里克大帝
3. 亚历山大·苏沃洛夫
4. 拿破仑一世
5. 惠灵顿公爵亚瑟·韦尔斯利
6. 安托万·亨利·乔米尼
7. 卡尔·冯·克劳塞维茨
8. 科尼利厄斯·范德比尔特
9. 保罗一世
10. 赫尔穆特·冯·莫尔特克
11. 奥托·冯·俾斯麦
12. 西奥多·道奇
13. 格奥尔吉·朱可夫
14. 约翰·伯伊德
15. 康拉德·阿登纳
16. 邓小平
17. 谢尔盖·科罗廖夫
18. 杰克·韦尔奇
19. 威廉·科恩
20. 大前研一
21. 史蒂夫·乔布斯
22. 比尔·盖茨
23. 埃里克·施密特

图5　对战略理论形成产生重大影响的战略家和领导者（近代和现代）

The Concept of Strategizing
战 略 规 划 概 观

● 最大的贡献

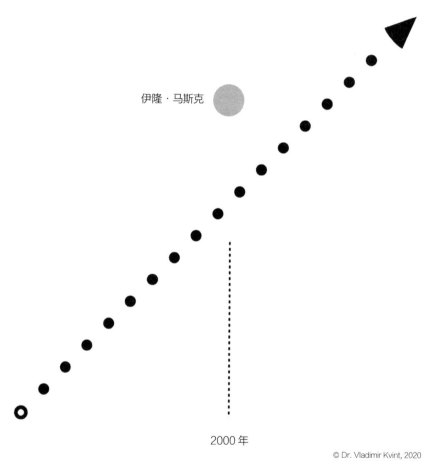

图6 对战略理论形成产生重大影响的战略家和领导者（21世纪）

对于战略家来说，必须始终对与过去有关的事实和现有技术进行分析，并有选择地将其包含在未来的战略方案中。但是，为了证明用于制定战略的基本原理和定律的现象与过程的重复性的相关性，战略家和相关从业者可以使用过去的特定事例和公理。

******

任何具有战略思维和丰富经验的领导者都知道相较于武器、资本、自然资源或劳动力等要素，应优先使用战略思维来赢得对抗或提升地位。

古罗马政治家兼统帅塞克斯图斯·尤利乌斯·弗朗提努斯（Sextus Julius Frontinus）在其《战略》一书的前两章中专门论述了战略规划的重要性。

在这些章节中，他认为有必要在明确敌人的计划之前对自身的战略保密。这一主张是该书首要原则之一。

******

战略大师孙子则写道：

将领（或更确切地说，战略家）应具备的素质包括：

◎ 智（谋略）

◎ 信（信义）

◎ 仁（仁义）

◎ 勇（勇武）

◎ 严（纪律严明）

The Concept of Strategizing
战 略 规 划 概 观

总体而言，如果我们把哲学称作最成熟的科学，那么战略学就处于其发展的初期。

战略理论和方法论的发展涉及对最重要的古代和现代的哲学（主要是本体论和存在主义）作品的研究、经典的军事著作和对军事战役的分析研究以及现代的对于领导决策过程的理论研究。

尽管哲学思想和战略思想之间存在显著差异，但它们形成了互补的整体。战略思维应引导战略家在完全不可分割的自我意识与世界观哲学之间实现充分协调。

第二章
战略家的个性与专业才能

第二章　战略家的个性与专业才能

要想成为战略家，首先需要培养战略思维：站在长远的角度思考和分析问题，重新调整自己的思维，寻找新颖的不对称解决方案，并创新性地思考如何创造或增强自身的竞争优势。

******

战略家应该对全球性规律有一个清晰的认识，确定战略规划对象真正的价值和利益，制定战略重点并评估它们的竞争力。根据战略重点设定目标和任务，并在竞争对手预测到这些战略前确定最有效的通向未来目标的途径。

The Concept of Strategizing
战 略 规 划 概 观

******

战略思维可以合理推断项目的前景，并提炼和聚焦从分析其他专家的过程中得到的所有信息及信号，用于自身研究和使用。战略家需要每天对过去进行重新评估，从而推断已知的公理和模式是否适用，并探索未来的创新场景。

******

战略家应该清楚认知战略规划对象在未来大约6—12个月内的外部和内部环境（在引入新战略前），并使用相应的条件和数据作为战略制定的基础。如果战略不能稳定地在长期导向成功，新的利基市场就无法被发现和掌握，那么新技术的使用通常只会带来短暂的胜利。

******

战略家的能力在一定程度上决定了其研究的统计数据和经验估计的抽象水平以及从这些数据中提炼出的最重要的决定性特征和条件的详细程度。

******

战略家扮演着导航员的角色，领导公司、政府或任

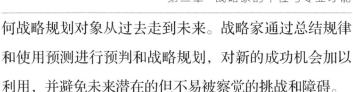

何战略规划对象从过去走到未来。战略家通过总结规律和使用预测进行预判和战略规划,对新的成功机会加以利用,并避免未来潜在的但不易被察觉的挑战和障碍。

******

战略家应具有远见,并运用思维的力量将潜在事件纳入战略规划;预测未来的场景,预先设定能保证战略实施的未来的政治、经济、技术、环保等条件,并引导战略规划对象取得成功。

******

目前以及在可预见的相当长的一段时间内,全球化和经济民族主义这类文化和宗教因素都会对战略规划产生非常重要的影响。在全球市场及国家和区域子系统中工作的战略家对此应该充分认知、评估和利用。

******

一个成功的战略家需要有远见卓识和识别新的规律、趋势、竞争优势及环境成熟度的能力,并先于竞争对手和反对者预见到这些趋势的影响和效力。

******

The Concept of Strategizing
战略规划概观

战略家在国家和地区层面的一个典型错误是无视国内外公司在其所辖范围内的经营战略，而正是公司战略应该使国家和地区战略成为现实。

******

在战略家制定新战略或修改现有战略时，应首先分析与战略规划对象直接相关的稳定且得到广泛认可的规律和趋势，并监控其动态影响。更为重要的是，战略家应努力预见潜在的规律和趋势，并能够适当地针对其动态和潜在影响进行战略规划。最具创新性和成功可能性的战略通常来自对战略实施之初鲜为人知甚至未为人知的规律和趋势的分析。

******

战略家应该从及早发现潜在的机遇和潜在的威胁这两个出发点分析区域和行业的经济、科学和（或）军事潜力（取决于战略规划目标）的发展，以及其发展的速度、比例和方向。

然而，为了确保某一特定区域的深远利益和一些国家战略重点，需要进行一项本质上不同的分析。这种分析应该首先明确该区域和（或）部门的竞争优势。这是因为，这些优势得到资源保障后，有助于实施具有国家级重要性的特别战略优先事项。

******

战略家应监督战略计划的执行，并清楚如何避免不可预见的障碍、降低障碍出现时的影响以及应对无法避免的障碍和其他更为复杂的情况。

让领袖和领导者加入战略规划过程的监督系统也很重要。这可以促进战略的有效实施并确保对实施阶段时间的控制。

******

战略家必须考虑到当前时期两个相互矛盾的文化现象和动态：

文化的全球化，相对于对国家和地方文化特征和价值观的保存和维护，可以通过战略家、经济学家、文化学家和神学家的共同努力，将宗教风险作为现象、因素和战略类别进行有效的研究。

如果忽视这些现象对战略制定和实施的影响，战略的效果将无法达到预期，从而对经济和社会产生复杂的负面影响，甚至导致极端主义和恐怖主义。

******

The Concept of Strategizing
战 略 规 划 概 观

  大多数新兴市场国家快速的城市化进程进一步扩大了外国战略家分析这些国家时面临的文化差异。

******

  即使是最成功的战略也有时效性。当战略实施达到某个阶段时，如果客观条件或主观需求产生了变化，则应开始构思新战略并完成过渡。如果战略已经导致了失败，或战略家可以预见在不久的将来会出现失误，则应停止或调整该战略的实施。然而，即使在取得战略成功并确保实现动态平衡的情况下，战略家实际上也应该率先将战略目标引向破坏已达到的平衡状态，以便优先在新的更有利的条件下达到新的平衡。因此，战略家应该将战略目标从停滞、萧条引导到新的战略重点的实现和取得进展上。

******

  战略家和战略领导者如果要高效工作并尽量避免失误，必须了解战略管理系统的基本要素，管理职能的实质、方法和形式（即计划、激励和监督），以及制定和贯彻判断战略决策过程有效性的相关指标。

******

第二章 战略家的个性与专业才能

可见，战略家是一位有智慧、纪律严明、乐观的专业人士，具备战略思维和对未来的愿景与直觉，并掌握制定战略的方法论。战略家需要迅速意识到新的全球格局，对战略规划对象的基本价值和利益有深刻的了解，从而提高实现战略规划目标的可能性并强化战略规划对象。

战略家必须每天重新评估过去，推断已知的公理和模式的适用性，并探索未来的创新场景。

The Concept of Strategizing
战 略 规 划 概 观

第三章
战略思维

1. 战略思维的三种方式

第一种方式称为"新维度战略"。这种方式需要超长期的前瞻性思考，甚至可能远远超过了战略分析对象当前的议程。它还需要思考者有能力识别和分析可能通向指数式成功之路的创新的不对称战略，即使它们可能从根本上改变规划对象的当前活动。

第二种方式称为"改进战略"。与第一种方式不同，此方式主要依赖于对战略规划对象的子系统及其要素、功能以及它们之间的交互作用的系统分析。

第三种方式称为"组合战略"。这种方式在引进和

The Concept of Strategizing
战略规划概观

发展革新性的创新理念和技术的同时，通过长期运作的生产和技术系统实现当前的效率和盈利能力。

战略思维过程的各个阶段如图 7 所示。

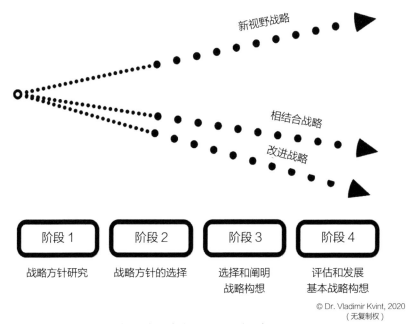

图 7　战略思维过程的各个阶段（战略化初级阶段）

******

2. 战略规划的 15 条原则

原则 1：

战略永远不能仅仅依赖于常识。

基于对转瞬即逝的现实感知到的常识通常会得出与

预测、预见和战略性预见直接相反的结论。

战略应该扩展得比一般人所能看到的更具前瞻性和深入性。

战略旨在使战略规划对象更有效地驶向那个尚不存在而只会在战略预测阶段开始形成的事实。

原则 2：

在战略规划中大多数人的意见通常是错误的。

虽然大多数人都有群体知识，但通常缺乏能力和远见从成堆的"废石"（即关于如何运用竞争对手无法预料的方式通往未来成功的各种原始想法）中筛选出"钻石"（真正具有远见的战略）。

原则 3：

就战略意义而言，"现在"其实已经是"过去"了。

成功战略家的专业战略思维总是领先普通人 3—5 年。

原则 4：

战略家必须学习过去的致胜战略的经验。

尽管战略家不应该过分依赖于已有的用于推论当前或过去事实的模式和公理，但这并不意味着他们可以忽略历史教训。在关注过去的制胜战略和假设时，应该放

The Concept of Strategizing
战 略 规 划 概 观

图 8　战略家对过去和未来的理解与利用

在当时曾出现的新趋势、创新和技术进步以及机会和威胁的背景下进行审视和分析。

战略家对过去和未来的理解与利用如图 8 所示。

原则 5：

没有一个战略可以永远成功。

当先前的战略使战略规划对象成为赢家并持续获得回报时，对于战略家和（或）领导者而言，说服规划对象的管理层和团队着眼于制定新的战略是极为困难的。即使战略分析显示外部条件发生了重大变化并且出现了

本质上全新的机遇和威胁时也是如此。这是因为管理层和团队所谓的"常识"——"如果旧战略可行，为什么要改进或换掉它？"因此，让新成立的或不成功的公司采用一种新的战略比让一家目前领先的公司相信以前的战略红利即将消失更为容易。

原则6：

战略家最大的敌人是思维惰性。

一个没有战略规划的组织将不可避免地被惰性征服。惰性是创新性战略思维的主要障碍。组织越大，克服惰性也就越困难。

因此，对于个体经营的企业家和中小企业、小型军事单位而言，改变基本的发展方向以及动态的发展规划、实施竞争对手或反对者难以预测的新的非对称战略是比较容易的。

原则7：

战略家不应该策划可以被预测的模式和方案。

容易预测的方案是非常危险的，因为对手很容易根据其结果制定战略并实施更有效的方案，从而节省他们完成自身战略重点的时间。

非常规的方法通常能更有效地通向成功。遗憾的是，

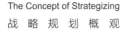
The Concept of Strategizing
战 略 规 划 概 观

当一个非常规的、出乎意料的战略取得成功时，它就会因此得到广泛的传播和借鉴并被竞争对手所利用。

因此，战略家必须做好竞争对手和反对者逐步适应先前成功过的战略的准备。

原则 8：

一个成功的战略不能是欺骗性的。

实现战略目标的手段可能是不道德的，但绝不会是不诚实的。然而，战略家的道德调整和战略的道德特征大体上共同决定了战略实施在社会层面的伦理美德。如果不严格遵守真正意义上的道德原则，随着社会道德判定标准的逐步成形，战略预期实现的成果可能在战略全面实施之前就过时了。战略家应该对那些被授权实施战略的人负责。在战略中，权力和诚实并非是不可兼得的。因此，在全球价值观念逐渐趋同的现代世界和全球共同体的发展中，制胜战略必须强大而诚实。

原则 9：

战略家必须能够把未来的混乱转换成系统性的有成功可能性的前景。

战略家们总是会面对混乱——因为对于未知的未来没有系统化的预测方法。本章第一部分介绍的三种战略方式对应的不确定水平有着显著的差异。

第一种方式新视野战略具有最大的不确定性。在不确定性带来的混乱中，战略家必须找到最佳和最具创新性的战略构想，并制定适当的战略体系来实施它们。

第二种方式改进战略，则对应着较低的不确定性水平。

第三种方式对应的不确定性水平位于前两种之间。

不管选择哪种方法，各种程度的混乱和不确定性都是不可避免的。在制定新战略期间，战略家应选择新视野战略而不是改进战略，因为后者对于已有战略的改善作用有限。

未知和不确定性是不可避免的。现实中不存在无任何风险的战略。因此，风险管理是战略的重要组成部分。如果因为畏惧风险而使战略家错过了潜在的实施战略的有利机会，那么竞争对手几乎不会再重复这个错误来露出自身破绽。

原则 10：
不对称的战略应对比对称性的更有效。

由于对称战略一般会重复竞争对手做过的事情，它很少会带来相同的成功，也永远不会让对手感到惊讶——因为对手也不会停滞不前。在对称战略中，最无

The Concept of Strategizing
战 略 规 划 概 观

效且最容易被竞争对手预判的是所谓的"追赶战略"。能被对手预测的战略方案总是失败的。

相反,不对称的战略会给竞争对手带来压力,迫使他们思考(有时甚至放慢脚步)和修改自己的战略;不对称的应对则可以造就出能够真正吸引竞争对手客户的商品和服务,或在其他竞争者之前开辟新市场。

当实施不对称战略所需的时间和资源少于战略竞争对手时,不对称战略将尤其有效。

在军事领域,不对称的战略局势则从一开始就对敌人更加危险。

原则 11:
战略家应始终保持乐观。

战略家必须能够承受来自市场变动的打击。这些变动通常是非常消极和危险的,尤其是在战略家还要承受来自竞争对手的压力的情况下。战略家应在战略规划的所有阶段都保持乐观,尤其是在战略实施过程中——与战略制定过程相比,实施中总是有更多的参与者,从而导致更多的变数。

在战略规划中,坚定和耐力是取得成功的要素。

原则 12：

始终高估你的对手或者敌人。

战略家和领导人几乎永远不知道竞争对手和反对者可以动用的资源的确切数量，也不知道他们优化资源使用的战略。

值得注意的是，一个看似弱小的竞争者不一定是一个失败的竞争者。对竞争者的高估将会避免战略家出现措手不及的情况，这通常是由于错误计算竞争者的资源或在竞争者采用出人意料的高效战略（通常来自按时间先后原则优化资源使用）的情况下发生的。

原则 13：

重要的战略性创新可以保证巨大的战略竞争优势。

战略家应始终寻求以指数方式发展创新性构想，并找出可在战略规划过程中快速实施的方法和相应的组织结构。

战略家应该能够运用许多领域的知识和经验，并将其有效融合来赢得战略竞争。无论需要制定战略的组织是什么，都必须对其所涉及的地理、政治、社会、军事、经济、商业和技术方面进行评估，以便于战略家能够选择有效的战略方法并找出战略实施的重点和制胜方案。

The Concept of Strategizing
战 略 规 划 概 观

原则 14：

战略家应该将时间作为决定性因素以使有限资源的利用最优化。

战略家的基本难题之一来自战略实施阶段对于时间和资源的权衡——例如，是使用计划外的资源来减少战略实施的时间，还是不增加资源支出而延长战略实施周期？这类问题基本上可以归纳为投资与回报所需的时间。当权衡这类问题时，时间是决定性因素，因为它关系到所有决策的战略成本和效益。

节省时间是战略的第一法则。战略家应该始终尝试利用时间因素将竞争对手现有的优势转化为过时和（或）无用的优势。如果可能，战略家应尝试找到利用竞争对手资源的方法，以减少花费在实现战略目标上的时间，并优化自身的劳动力、物质和财务资源。

原则 15：

战略家应该弄清战略规划对象真正的价值、利益以及战略重点，而不是专注于领导者的需求。

负责战略实施的人员应充分理解该战略。然而，很多时候，战略规划对象的领导者没有足够的时间和（或）能力来深入理解战略家的规划和战略分析结果。

但是，根据分析结果战略家们可能得出的结论是，

第三章 战略思维

战略规划对象的管理层对战略重点和成功要素的看法是错误的。如果管理人员把团队资源和精力集中在错误的发展方向上,可能导致战略规划目标出现重大缺陷甚至崩溃。在这种情况下,战略家不应受到客户的影响。

******

向战略规划对象的领导者汇报时,要概述未来战略的主要思想及预期的实施结果(或短期执行要点)。在说服客户的过程中,要着重向其传达真正的利益、战略重点、主要竞争优势以及未来战略的精髓——只有严格执行该战略,才能实现战略目标。

在制定战略时,战略家必须在清晰度和复杂性之间取得平衡。一个战略越复杂,越不对称,竞争对手和反对者就越难以制定相应的对策。但是,同样重要的是,对于复杂的战略也难以向负责执行的团队做出详细解释,因而不易在漫长的实施过程中赢得他们持续的激情和支持。

******

外国企业要适当地为其所在国家的经济发展做出贡献,确保当地民众能够从公司的活动中受益。

******

The Concept of Strategizing
战 略 规 划 概 观

建议外国公司保证其全球性或母国的文化能够与投资国和所在地区的文化并存。

******

除了经济和技术因素，个人影响力对于战略的成功实施也起着重要作用。例如，领导者和关键决策者的人文素质以及他们对战略的热情。

专业的战略家应该对决策者的战略思维和个人原则等有尽可能全面的了解，以确保战略的可实施性。

战略家的成功源于以下几点能力：远见卓识；能够在意识和潜意识的边缘找到有效且难以预测的决策；依靠理性和直觉认识新模式、趋势和竞争优势的大小，并在竞争对手和反对者之前预见其影响和效力。

节省时间是战略的第一定律。

第四章
战略系统的定律

第四章 战略系统的定律

1. 整体国家战略概念

　　战略虽然是一门基础科学,但其基本定律、原理和相应知识体系的划分尚在发展中。任何战略,无论其目标如何,都具有一些共通的性质。因此,它们也应该具有共同的理论基础。当然,只有知道战略规划对象的特定特征,才能给出更详细和具体的实用建议。战略的实践需要包含各种类型与维度的战略基础知识和指南的指导。

　　战略在本质上是多个学科知识对某个场景的系统性运用。它的影响、多维性和知识体系结构都有不同的层

The Concept of Strategizing
战 略 规 划 概 观

级。而且，它既包括解决全球问题的战略，也包括针对团体、集群和个体的战略。所有这些不同类型和层级的战略相互作用并动态地相互影响。

整体国家战略的概念示意图如图9所示。

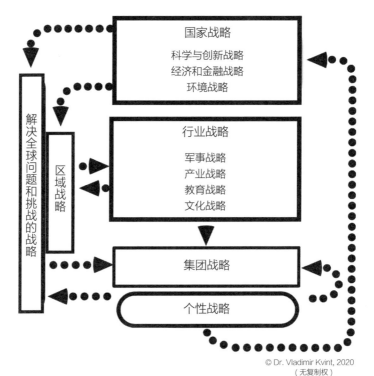

图 9　整体国家战略概念示意图

一个基于战略规划理论和方法、深入而强化地进行分析的战略可以有效避免战略规划对象陷入混乱、声誉受损和衰落等不利境地，并使其在竞争中获胜。相反，一个不正确的战略构想能够从整体上摧毁战略规划对

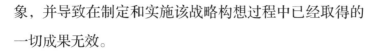

第四章 战略系统的定律

象,并导致在制定和实施该战略构想过程中已经取得的一切成果无效。

战略是时间、成本和空间相乘的产物。这里的空间可以理解为制定并实施的创新性战略构想。时间和创新这两个因素赋予了能够帮助战略规划对象获取胜利并且令竞争对手难以预测的两个特征——快速和不对称。

******

全球化导致商业领域的战略家不仅需要制定国际战略,更需要制定全球战略。此外,国际化的大公司甚至中型公司都需要针对区域经济部门制定战略(国际区域战略)。

******

使命、愿景(包括由竞争优势确保的原则和战略重点)以及按时间轴设定的阶段性目标和总体目标共同构成了战略的概念。

******

企业全球战略的成功既与商业文化和宗教传统在全球新兴市场(GEM)的系统转型中日益增强的影响有关,也离不开外商投资(FIE)公司的企业文化以及其作为发

The Concept of Strategizing
战 略 规 划 概 观

达国家公司所具有的商业礼仪和商业习俗。

******

政治、战略和战术是三个单独的类别，它们是战略领导和管理者相互联系的方面。

它们之间的差异如下：战略被批准并实施，并由此产生实践指南以及战略目标指南。战术则提出每日、每月和每年（当年）的计划和措施，用于完成战略任务并为其提供资源支持。政治将战略和战术整合并集成到一个有效运行的系统中。换句话说：战略加战术等于政治。

******

技术交流既是市场全球化的结果，也是其促成因素之一。这加快了战略、战略规划和年度管理的不断发展和优化。

******

为下属单位（下至一个工厂的车间，上至一个国家的地区）制定的战略应该由其所属系统（一个工厂或一个国家）的总体战略来指导（如图 10 所示）。下属单位的战略应更精确地适应自身条件和能力，并专注于特定

第四章 战略系统的定律

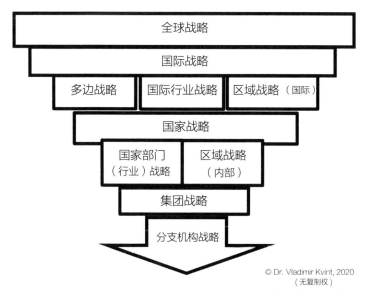

图 10 总体战略的概念示意图

的技术、组织或社会趋势。下属单位的战略重点对于公司战略或国家战略而言（在制定区域战略时）可能过于狭窄。

通常，提供给下级单位的反馈应当仅与资源限制有关。如果贸然对其战略概念进行修正，将导致企业战略在根源上的不协调，甚至与各部门的战略和企业级战略的战略重点相矛盾。另一方面，区域战略中也不应忽略或低估国家级战略重点的重要性。

这也适用于政府战略，国家政府不应在没有系统性综合的方法的情况下向区域和政府部门领导人下达战略发展任务。这种情况下可能产生大量废纸般的建议，不

The Concept of Strategizing
战 略 规 划 概 观

仅无益,还可能对经济造成真正的损害,从而对国家利益造成更大的伤害。

******

在战略中,基本的经济规律及其类别——包括供求、价值和价格,都可能在时间因素的影响下发生根本性变化。

使用时间作为战略决策的决定因素能使决策者领先于竞争对手,率先占据有前途的领域,率先摆脱无利可图和衰落的行业,率先使用创新并使其与产生和发展的指数性质相对应。基于这些原因,战略的第一定律就是节省时间。

******

战略的第二定律是只实施具有竞争优势的战略重点相关的事项。

缺乏战术的战略不会在时间上取得足够的优势——哪怕在最乐观的情况下,它的执行速度也会变慢。这会降低战略的有效性,并使竞争对手和反对者有时间思考并采取对策。

缺乏战略指导的战术重则导致战略规划对象(仅受战术考虑的指导)的灾难,轻则导致其竞争力和战略优势的丧失。

第四章 战略系统的定律

战略是透过未知的未来确定优先事项和目标的指南，是智慧乘以精确考量的资源限制与攻击向量的结合。

战略的主要原则之一是保密——对竞争对手和反对者做到充分保密。

对发展的需求和对长期成功的热望，在竞争以及最终不可避免的战争中获胜或确保安全的渴望，都需要利益层次分明，综合竞争优势、机会和目标的优先排序系统，以及对其有效实施所需的资源的评估，同时考虑到时间因素——这是战略的本质和主要内容。战略规划是制定、长期实施、监控以及后续完善和更新战略的全过程。

The Concept of Strategizing
战 略 规 划 概 观

第五章

战略制定

第五章　战略制定

1. 远见、预测、战略规划和计划的相互关系

在战略规划的理论和实践中，一个常见的误解是战略规划的过程、预测和计划本质上是相同的。即使在专业经济学家、预测师和计划者中，这些术语也经常被当作同义词使用。然而，这三个术语的本质是不同的——它们是不同类别的专业活动，亦会产生内部特征完全不同的最终成果。

战略规划过程以制定新的并可能实施的战略结束。而预测会由于计算和专家用来估计的方法的不同产生各种类型的详细预测。计划则在本质上完全不同：它着眼

The Concept of Strategizing
战 略 规 划 概 观

于管理的具体过程,其成果是战略框架以及更为具体的不同计划(取决于计划范围)。

在进行预测之前,还有其他了解未来的手段:预言。

这种类型的智力活动并非基于传统意义上的知识和方法论,而是一种排他性的(或几乎排他的)来自深处的潜意识和直觉。

我们必须首先认识到战略家在研究未来和制定战略时必须多久处理一次对遥远未来的非理性表现(可能来自预言家的预言)。针对未来的不确定性产生的非理性暗示(有时是由潜意识和直觉产生的),由于经常用于预言和预测中,在某些情况下它们变成了几乎不可预测且无法规划的未来现实。

作为一种抽象的对未来的展望,预测通常被归类于科学研究的范畴。然而,尽管连科学家都不会忽视直觉的重要性,直觉并不能成为他们描绘未来的唯一工具。

对战略家来说,预言家的最重要启示是预言与时间的联系——毕竟,根据本书的结论,时间因素对于战略是决定性的。而对哲学家来说,所预言的未来事件和其过程与时间并不存在固有的关联。

预见、预测、战略规划和计划之间的相互关系如图11所示。

第五章 战略制定

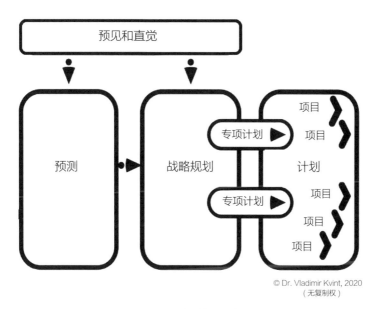

© Dr. Vladimir Kvint, 2020
（无复制权）

图 11　预见、预测、战略规划和计划之间的相互关系

2. 战略开发的两个步骤

战略的开发始于对预测的分析和对战略对象的内外部环境的研究（如图 12 所示）。

******

The Concept of Strategizing
战 略 规 划 概 观

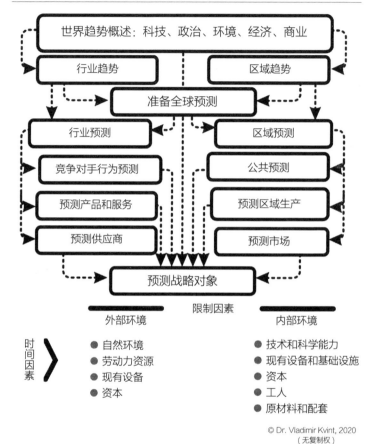

图 12 战略制定阶段：内部和外部环境的研究和预测

然后，根据全球范围内不同区域和行业的发展趋势和规律性的分析结果来更新对于全球的预测，随后用于选择合适的区域和行业来进行战略目标定位。这样建立的体系，可以用于评估战略规划对象可能的竞争优势并根据其战略重点选择合适的目标。

第五章 战略制定

******

针对特定行业目标导向进行预测的主要目的是预测主要竞争对手和反对者在未来3—5年内的活动,并且更紧密地跟踪其技术趋势。

******

区域预测通常始于对社会和政治动态的分析。这种类型的预测不应孤立地针对公司经营所在的区域(区、社区、自治市、新区等),还必须跟踪其邻近地区的趋势。区域的总体动态则应该在跨行业的基础上进行分析。

有针对性的预测应该重点关注地区趋势,因为这可能导致该地区的行业结构发生重大变化。区域预测的重点之一是追踪新兴市场趋势;对于军事领域而言,则是潜在的战争和(或)可能产生对抗的战场。

预测活动最终应形成对于特定对象的新预测。理想的预测应该揭示最重要的、直接或间接地影响或可能影响该对象当前和未来活动的全球、区域和行业趋势。

******

预测的关键步骤是审视外部和内部环境并勾画出一个客观的、以战略为导向的特征,其中包含对新的机会

The Concept of Strategizing
战 略 规 划 概 观

和威胁的评估。与对内部环境的分析相反,对外部环境的审视和对其特性的分析必须首先考虑自然资源的使用和再生产的限制。

接下来的步骤则应对劳动力资源和现有生产能力或资本的特征在未来的情况进行预测(取决于预测是针对行业还是地区)。

最后一个应审视和分析的外部环境因素是创新技术和科学成就。

******

从即将出现的技术趋势间的相互联系以及这些趋势对战略规划对象未来意义的角度来看,首先是机遇,其次是威胁以及员工教育水平和对于运用新科技的准备程度。战略家在此阶段的主要任务是确定战略规划对象的独特技术优势,以使他们能够在时间、效率和(或)产品价格及结果方面领先于竞争对手与反对者或赢得竞争。

需要评估的下一个基本经济因素是现有的生产设施和运作状态良好的基础设施:科学技术、教育、工业和社会环境。这种评估也应结合新的环境机遇以及即将明朗的趋势和变化来进行。

战略规划对象能够动用的资本、工人(包括人力资本)、原材料(包括自然资源)及其配套设施是最后一个必须在战略规划期间进行评估的基本经济因素。

这个对于经济因素的审视顺序表明,针对战略规划对象进行预测的核心因素是技术,因为它可能会对对象内部环境的其他基本经济因素产生影响。从战略理论的角度来看,针对战略规划对象的特定预测的研究是预测的最后阶段,也标志着战略规划第一阶段的开始。

经济发展的主要战略因素如图 13 所示。

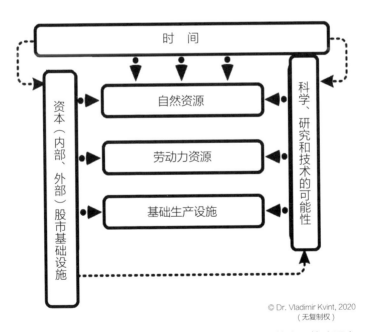

© Dr. Vladimir Kvint, 2020
(无复制权)

图 13　经济发展的主要战略因素

The Concept of Strategizing
战 略 规 划 概 观

审视外部和内部环境并针对战略规划对象特征的预测过程做初步准备，然后是审视战略的第一个要素——使命及愿景（包括原则和战略重点的选择）。这类似于对优势、劣势、机会和威胁（Strengths, Weaknesses, Opportunities & Threats）的著名分析——由阿尔伯特·汉弗莱（Albert S. Humphrey）开发的 SWOT 分析。SWOT 分析"听上去不错"，但事实上从战略规划对象的外部环境（即机会和威胁）（Opportunities & Threats）而不是内部的优势和劣势（Strengths & Weaknesses）开始分析在理论上和实践上才是正确的。SWOT 分析，或者 OTSW 分析（机会、威胁、优势、劣势），实际上对于形成战略展望以及制定战略重点的过程更加适用，因为它可以更有效地为公司、军事单位、地区和国家应对意外的机遇或威胁做好准备。

3. 使命和愿景的主要组成及相互关系

使命宣言是战略规划的第一个实用文件，是通过对外部和内部环境进行审视、分析和预测后制定的。它是战略研究的第一步，也为战略规划的所有后续阶段提供了参考（如图 14 所示）。虽然关于使命宣言的通用建议十分有限，但使命应该表明战略规划对象针对的领域、地区、创建原因以及战略规划对象的功能，即为什么该

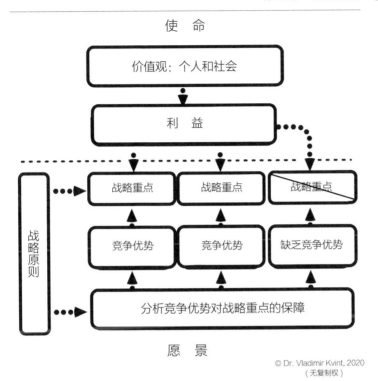

图 14　使命与愿景核心组成部分的关系

战略规划对象对于消费者而言是不可取代且有价值的。

使命不应包含利益分配部分，例如哪些雇员获得报酬、利润中的哪些部分在股东和（或）经理之间分配。战略目标的盈利能力通常也不应反映在使命中。使命不是展示雄心的招股说明书，也不能突出一个特定的或某系列产品。

自企业国家登记制度形成起，随着国际竞争的日益激烈以及世界秩序的重组，使命宣言的重要性已得到了

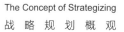

The Concept of Strategizing
战 略 规 划 概 观

极大的提高：这是战略规划对象对它之外的整个外部世界发出的第一条咨文。

******

使命形成后，应据此研究并制定战略规划对象（公司、大型军事单位、地区、国家）的愿景。

愿景是战略制定过程中最容易被误解的要素之一。

愿景通常被称为关于战略的哲学。战略家在这个阶段开始前就应该知晓战略的基本范畴，即战略规划对象的价值、利益和战略重点之间的联系。从开始制定战略，战略家就必须始终意识到寻找和丰富这三个关键要素之间的联系是其工作之一。这个创造性的过程恰恰在将战略愿景作为战略精髓进行分析、理解和表述的过程中得到最终的反映。

此外，愿景还应当解释战略规划对象的领导者将如何激励员工工作和对股东进行利润分配。这些解释中不应包括具体的定量估计。

愿景是简要传达该组织的社会责任的最佳工具。

******

战略的形成开始于对有价值的信息的收集，然后将这些价值转换为切实的利益，再在战略重点中将其表明。

第五章 战略制定

战略重点是愿景的最终输出。它们是价值和利益的集中体现。本质上，战略重点是完整战略的核心，可以清楚体现整个战略的实际意义。受战略实施过程影响的人们应该在某种程度上意识到如何将自身利益与战略重点相联系并获利，然而战略重点本身只代表战略成功后规划对象的利益。

******

战略几乎总要考虑如何确保多个战略重点，尤其是涉及全球或大规模利益时。战略实施第一阶段的议程通常仅包括战略重点，这些重点将由有效可行的创新和独特的竞争优势加以保障。

此外，在第一阶段，要为创造新的或恢复先前失去的竞争性科学技术而带来的优势和其他创新优势以及培训高素质和专业化人员提供资金，这些优先事项可以确保战略执行后续阶段的实施。

******

必须强调的是，战略的研究和制定是为了达成战略重点，而不是为了解决战略规划对象可能遇到的任何问题。只有这样的战略规划方法才能确保长期的战略成功。问题常常像晨雾一般转瞬即逝；战略重点则不同，其深刻反映

The Concept of Strategizing
战 略 规 划 概 观

了战略家的长期视野以及相应人群的根本利益和价值观。

由于战略规划对象的所有资源都优先部署给战略重点相关事项，这些事项的精准定位就至关重要。同样重要的是，战略重点可以指导战略目标的选择，以及之后的战略规划对象的任务。

4. 目标设定和专项计划

目标设定是将战略规划变为现实的开始。

根据使命的基本定义和愿景的哲学基础，目标设定是定性方向、细节化战略重点以及确定战略规划对象各个目标的层级关系和相互联系。

目标设定的范围和战略目标的制定可以是简单的列举，也可以是可能长达数十页的包含详细的论据和对所有细节特征的定性描述。

******

针对每个战略目标都应制定一个专项计划，重点关注按照时间进度规划的相关任务以及所有可以调用的资源。如果把目标称作实现战略重点的定性指南，则任务是具有合理定量特征的战略第一要素。

******

第五章 战略制定

使命、愿景、目标和任务不仅对应着不同的阶段，而且在形式上既是彼此独立的，同时又是相互联系和相辅相成的。

******

确定任务是战略规划的第一阶段，在此阶段应设置实施该战略所需的生产、销售、员工和所有其他资源的量化预估指标。

根据制定和形成战略的所有前置阶段的内容，任务的执行与时间把控严格相关。实际上，这是进一步研究和实施战略应该主要参考的时间表。

******

战略的所有任务均需考虑时间因素的影响和战略规划对象的资源限制。

******

当战略最重要的组成部分——使命、愿景、目标、专项计划、战略项目和技术平台已经就位，并且得到资源保障的任务已经制定并经过预先批准，战略规划的下一步是为战略实施选择至少三个必要的替代方案，帮助实现已确定的战略重点、目标和任务。选择了首选方案

The Concept of Strategizing
战 略 规 划 概 观

后，要制定该方案的实施计划，并形成项目和平台。

******

战略家通常可以提出三种可供选择的战略方案，并建议战略规划对象根据风险类别、时间、不对称性以及社会和经济效率的权重进行选择。战略家应该为每一种方案开发一个综合战术单元，通常包括方案实施可以采用的三种战术。

这种方法保证了在必要时从一种方案快速切换到另一种方案的可能性。除时间因素外，最重要的限制来自那些外部环境因素，因为它们独立于战略规划对象或受影响非常有限。而内部资源则不同，可以根据对象的需要进行改变。

******

与战略规划对象相关的外部环境可能对战略实施构成系统性风险。预知和预测系统性风险是可能的，但对这种风险进行管理则基本是不可能的，或者被限定在非常有限的范围内。

******

战略计划与当前（年度）或业务计划有很大不同。

第五章 战略制定

战略计划应该是单元的、综合的、更灵活的,能够适应未来各种难以预测的条件。战略计划应包括对战略规划对象的未来功能进行特定的具体限制,其中包括对五个基本经济因素的分析。这保证了对实现战略目标和所有任务及项目所需的原材料和相应的劳动力资源、投资和运营资本(形式为大规模预算)、生产设施和其他基础设施规模的分析。

******

图 15 显示了所有主要战略文件的关系——从使命形

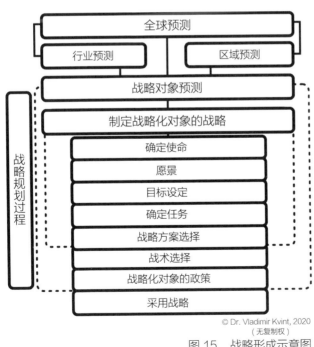

© Dr. Vladimir Kvint, 2020
(无复制权)
图 15 战略形成示意图

The Concept of Strategizing
战 略 规 划 概 观

成阶段到开发战略方案再到战略计划。

当战略家提出战略时,所有可以访问机密信息的客户的授权代表、领导人、指挥官和主要合议机构成员、政府成员等都应该可以使用所有这些文件。

******

应为战略规划的所有阶段设定切合实际的时间限制:从进入战略到退出战略,包括所有基本经济因素的分配和安置以及它们在实施战略过程中的组合。

战略家必须考虑两种矛盾的文化动态:文化的全球化与保留和保护民族和地方文化特征和价值。

战略家的活动旨在在以下情况下创造新的战略前景、战略重点和方案:依靠过去推算部分未来,不存在真正意义上的"现在",而未来的社会进程和经济主体依然未知。

这种直觉被战略家使用,不应该被忽视,但它不能成为他们在未来铺设矢量的唯一工具。

第六章
战略实施

1. 战术

战术制定的目的是帮助战略规划对象应对在战略实施阶段可能出现的严重问题。针对每种战略方案都应准备三种战术：

第一种——风险最小且成果也较小；

第二种——中等风险；

第三种——可控范围内的最大程度风险且战术可行，但将需要大量资源。

******

The Concept of Strategizing
战 略 规 划 概 观

战术是战略实施的路线图；它比进入战略更详细，应被编制为文件且被重点关注。

就其范围而言，战术涵盖了以下流程的大多数细节：制定和实施战略、形成组织——技术平台的项目、战略管理系统以及战略和政策的最为机密的内容——退出战略。

******

战术不像当前的各项计划尤其是操作计划那么详细。

战术是一个汇总的文档，其要素在当前的内容以及操作计划中都有描述。当分析人员和战略研究者混淆战术和战略时，他们一般会错误地将目标与战略的其他环节孤立开来，而忽略其综合性和内生性。

******

战略实施的最后战术阶段是对现有实施进行监测和控制，该阶段将一直持续到该战略作为一次实践的功能结束之时。在此阶段应该开始实施以前制定的退出战略。

即使是最成功的战略也会进入这样一个阶段——由于不断变化的条件或需要，必须开始过渡到一个新战略。如

第六章 战略实施

果战略已经导致失败或战略家预见该战略可能在不久的将来发生失误,则必须停止或调整该战略的实施。但是,即使在实现了战略成功、保证了动态平衡的情况下,战略家也应该率先引导战略规划目标打破现有的平衡状态,以期在新的更有利的环境和条件下达到新的平衡。因此,战略家也应将战略规划对象从停滞的平衡中引向新的战略重点的实现,并取得进步。战略实施提供了进入战略和后续战术步骤的蓝图。进入新市场、对新的或欠发达的地区进行经济开发,或进入可能造成敌对行动的新战场时,应始终考虑到新环境的特征;在战略规划的前几个阶段,这些因素由于过于详细而未被考虑进去。

2. 战略的资源评估

一旦政策被批准为进一步详细的战略和战术制定的主题,就必须重新集中分析所有资源限制并开始下一次迭代战略。该分析使用概念性模型和数学模型,根据已批准的战略方案的条款,从预先批准的政策开始,然后是战术。

用于选择可能的战略方案的层次模型如下:

$$q^j_{ik} \in Q^j_k \Rightarrow z^j_{sik} \in Z^j_{ik} \Rightarrow p^j_k \subset P_k$$

其中：

k ——区域指数；

j ——区域技术政策指数 P；

i ——预选方案的战略指数；

s ——预选战略的战术指数；

P_k ——是区域 k 中区域技术政策的可能方案集；

P_k^j ——k 区域的技术政策方案 j；

Q_k^j ——k 区域的技术政策方案 j 的可行战略集合；

q_{ik}^j ——k 区域的技术政策方案 j 中的战略 i；

Z_{ik}^j ——k 区域的技术政策方案 j 中的战略 i 的战术方案集合；

$z^j sik$ ——k 区域的技术政策方案 j 中的战略 i 的战术方案；

∈ ——属于某集合的数学符号。

选择最佳战略的模型如下：

$$\sum_i U(q_{ikl}^j) \times \gamma_{ikl}^j \to max$$

其中：

$U(q_{ikl}^j)$ ——k 区域 l 技术政策 j 方案密集使用战略 i 的整体社会经济效益；

第六章 战略实施

Y_{kil}^{j} 是一个布尔系数,如果选择战略 i,则等于 1;在所有其他情况下,它是 0。其中:

$$\sum_{i} Y_{ikl}^{j} = 1$$

选择战略方案、战术和政策的过程(步骤顺序)如图 16 所示。

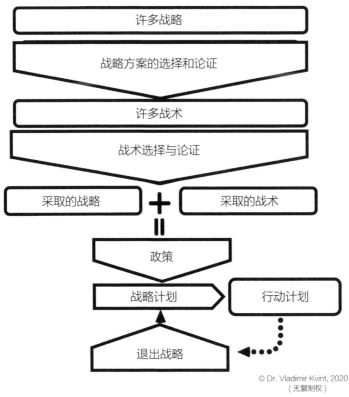

© Dr. Vladimir Kvint, 2020
(无复制权)

图 16　选择战略方案、战术和政策的过程

The Concept of Strategizing
战 略 规 划 概 观

******

"资源"是一个广泛的概念。它包括基本的经济要素及自然、环境、劳动力甚至文化等因素。

******

对战略实施的年度影响的评估给出了战略的经济效率估算，以及在深入考虑所有成本后适当增加科技投入的必要性依据。

这对于引导战略走向成功也同样重要。如前所述，在战略规划的前期，尤其是在选择战略重点和目标的过程中，绝大多数情况下使用的是定性评估，有时也会辅以时间表。但是在制定任务及将目标计划系统化的阶段，定量评估占据了主导地位，而且时间因素将起到决定性的影响。

******

在战略实施阶段，针对对于时间因素敏感的资源的分析主要是研究增加投资与减少战略实施阶段持续时间之间的关系。

******

在此阶段，有必要对实施该战略的各种方案所需的时间进行比较分析，并提供相应的实施成本以供选择。

然而，实施的总成本并不总是那么重要。例如，如果增加成本可以加速新战略的实施和必要的创新技术的研发，减少作为战略实施结果的新产品进入市场所需的时间，总成本的上升就是有价值的。

另外，单位时间成本的增加还可能降低总成本。这是因为加大对战略实施阶段每单位时间成本的投入将加速制定和实施战略以及生产准备等所有行动（或战略军事行动）。

一般而言，单位时间成本的增加将导致总成本的增加，从而导致投资回收期的延长。因此，也应对追加投资或投资增加的量进行最优控制，这将使战略实施的总成本增加产生更好的效益。

******

在某些情况下，要使战略实施阶段增加的成本在经济和战略上有效，只需要缩短战略实施的持续时间。但是，实施期的总减少（绝对数字）应超过由于成本增加而带来投资回收期的总增加。

******

The Concept of Strategizing
战 略 规 划 概 观

图17显示了战略规划中目标计划、项目和技术平台的关系。

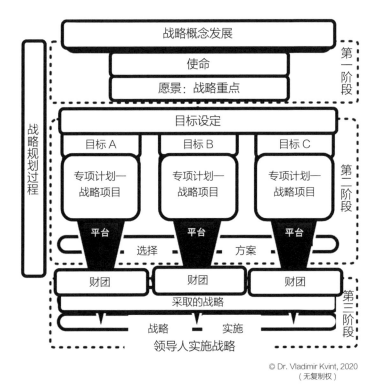

图17 战略规划中目标计划、项目和技术平台的关系

进入战略要求战略规划对象的领导人和集体对所进入区域的文化和宗教传统，以及我方期望正常运作的市场或军事和竞争行动可能发生的场所的偏好有着准确有效的战略理解。

恐怖主义和极端主义的浪潮在很大程度上来自外来文化和传统的冲突。与此同时应当牢记的是，由极端分子挑起并被恐怖分子利用的尖锐冲突并不代表绝大多数人的意见。

3. 考虑市场特征或战略实施的领域

战略实施提供了进入战略和后续战术步骤的蓝图。

进入新市场、新的或欠发达的地区，或进入可能造成敌对行动的新战场的战略应始终考虑到新环境的特征；在战略规划的前几个阶段，这将过于详细。

例如，进入全球新兴市场的战略与进入发达国家的战略有很大不同。

又如，如果正在实施使公司从发达国家进入全球新兴市场的战略，则该战略应首先考虑对方地区政治制度和基本经济因素等背景。这包括特定新兴市场国家，而这些背景将包括特定区域的商业基础设施和技术发展水平。

随着信息技术领域的进步，业务流程再造无疑降低了公司所在地的重要性。但是，位于郊区的总部不能共享到大城市的一些优势，因为安静的绿色郊区往往减少了各公司的领导者和经理之间的社交和（或）专业互动。

******

将各个科学领域的研究公司安置在接近彼此且距主

The Concept of Strategizing
战 略 规 划 概 观

要城市中心不远的地方，可能会非常有效果。这类区域即是科学园区（scientific parks）。

******

战略实施过程的主要模块如图 18 所示。

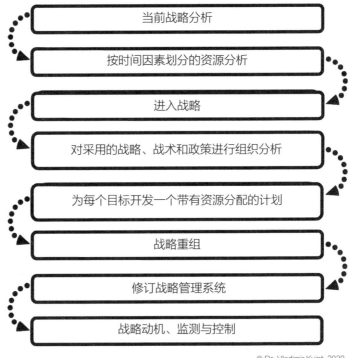

© Dr. Vladimir Kvint, 2020
（无复制权）

图 18 战略实施过程的主要步骤

第六章 战略实施

******

营销和广告、促销方案等对于成功地进入战略是绝对必要的。

******

进入战略必须对文化和宗教传统以及消费者的偏好有准确的了解。

确定可能对战略对象的新产品或服务做出积极反应的目标受众、消费者,并进一步关注该消费群体以及其他潜在的用户群体,是非常重要的。

例如,在特定新兴市场国家中,公司希望充分运作,而如何通过在新市场中获得(有时则是选择和征服)合作伙伴和盟友的好感与利益来帮助公司运作,则是进入战略中应考虑的关键问题。

*****

来自发达国家的许多跨国公司对特定新兴市场国家当地的传统和文化没有足够的了解,这导致它们错过了巨大的潜在市场利基和利润。

进入战略的重要组成部分是战略激励机制、战略监测和控制。在这个阶段还应该注意了解文化和宗教差异、价值观和动机。激励机制应专门适应当地的商业规则和（或）政治制度，否则激励机制将无效，战略计划或业务计划也将无法正确实施。

******

要将外国公司在文化方面的风险降至最低，最佳方法是不要试图立即改变当地居民对所提供产品和（或）服务的态度，因为这是一个渐进的而且相当缓慢的过程。对于外国公司而言，成功的市场进入战略不可或缺的部分是对当地的传统、历史、政治和商业文化进行持续的关注以及这些关注在随后的所有战略和战术努力中的反映。外国公司应做好修改其典型和传统做法的准备，以便在新的国家、地区或当地条件下更有效地工作。同样重要的是，外国公司和有其他战略化目标的战略家们甚至不要试图改变他们在全球新兴市场所面临的政治和商业文化。他们必须适应。

******

文化风险是特定部门制定和实施战略过程中的一个非常重要的因素。这不仅仅适用于位于国外的机构，在某些部门对个别产品和服务的消费文化进行战略评估时，也应考虑到文化风险。

4. 战略威胁评估和应对恐怖主义与极端主义

全球化和信息技术领域的革命已将现代文化及其价值观传播到拥有截然不同的文化和宗教传统的世界各地区。

现代价值观念、人权与正义、世俗国家本身常常对妇女和儿童权利的强调以及占主导地位的传统与宗教的某些原教旨主义相矛盾。

现代文化和传统的冲突在很大程度上引起了新一波的恐怖主义和极端主义浪潮。这种冲突往往发生在宗教一直以来或在近几十年与国家密不可分的国家或地区。被恐怖分子挑起的，而后被极端主义利用的冲突在任何国家都不代表大多数人的意见。

恐怖主义的存在还有其他根源，其中最严重的是贫困和非法移民。

如果我们从战略上评估这一趋势，显然贫困水平与教育水平有关。但是，我们也不能得出恐怖主义必然来自贫困这样的结论。恐怖主义的根源也可以在有钱人和受过良好教育的人当中找到。

如果在制定战略愿景和框架的阶段忽略了该国传统、文化和宗教价值观，那么旨在实现战略上的战略重点的任何跨国战略都注定要失败，并面临难以承受的长

The Concept of Strategizing
战 略 规 划 概 观

期的高风险。

缺乏明确的、被普遍接受的对恐怖主义的定义,加上其他一些战略原因,导致了大多数国家的立法系统和(或)执法机构无法有效打击恐怖组织。

恐怖主义已成为投资时评估政治风险的主要指标和决定因素之一。

旅游业、运输业(尤其是航空旅行)、保险业等更是受到恐怖主义的直接战略影响。

任何战略都应考虑到恐怖主义已成为战略实施的主要政治风险。因此,它影响着新兴的全球世界秩序,并将对其构成战略威胁。

从战略上讲,恐怖主义是邪恶在社会端的体现,对它需要彻底摧毁。各国需要详细制定和执行一些全球反恐战略,其中包括:

第一,预防恐怖主义和极端主义的战略。

第二,打击恐怖分子和极端主义的战略(调查其犯罪事实并按照执法准则进行起诉)。

第三,恐怖袭击发生后如何恢复正常的社会经济活动。

恐怖袭击无论多么不成功,都将持续很长时间。

5.退出战略

任何国家或地区性战略、军事行动的战略规划甚至是非常有利可图的业务，都应该有退出战略。

例如，如果所有者希望在达到盈利能力峰值和持续盈利期间出售其业务或被并购，成功的战略家就应该为这一时刻做好准备。这包括在出现与该时刻有关的信号之前采取办法，并使用退出战略。即使在战略实施阶段，也应该秘密地制定退出战略。然而，退出战略是战略体系中最容易被遗忘和忽视的要素。

******

特别是，由于新兴市场国家与发达国家相比具有很高的不稳定性，进入新兴市场国家的公司其退出战略一定要在战略实施阶段开始前就准备好。另外，这也是因为公司离开新兴市场的时间可能比预计的要短得多。

******

为小型和家族企业的所有者制定退出战略也同样重要。因为，尽管十分遗憾，但人类的寿命有限，因此人类活动对时间因素最为敏感。

******

The Concept of Strategizing
战 略 规 划 概 观

对于合伙性质的公司而言，防止破产清算的有效退出战略与向优秀员工出售部分股份的策略相关联，即使这可能导致合伙人数量增加。这样做的目的是增加公司生存所需的资本。

私有企业最成功的退出时机是首次公开募股将公司转变成上市公司后。其他退出战略可能与其长期愿景相关——与某些竞争对手合并或与他们建立合资企业，成为新的法人实体。

******

退出战略的主要功能之一是克服退出障碍。

这些障碍主要产生于战略真空——如果战略方案中完全没有预先制定的完备计划来应对各种可能性，战略规划对象在出现严重问题之前很难形成退出战略。另一方面，缺乏退出战略有时可能正是产生这些严重问题的原因。

******

成功的战略规划对象会在最适当的时机使用退出战略，而对退出时机的提前制定来自对国内外政策的监测。如果时机不合适，对象从战略实施环境中退出（例如公司从业务中退出）通常会带来意想不到的问题和威胁。

第六章 战略实施

******

成功的退出战略对于获得全面胜利来说同样重要。

在某种意义上,如果没有成功的退出战略,整个战略系统将无法取得完全的成功。

退出战略越优秀,所有权变更时公司的市场价值就越高,地区在国家战略中的重要性就越高,军事行动就能越有效和及时地完成。

在这种情况下,退出战略引导战略规划对象,就像海军上将利用高高升起并处于最佳状态的旗帜将船只引向盛大的阅兵仪式时一般。

The Concept of Strategizing
战 略 规 划 概 观

第七章
战略管理体系概观

第七章 战略管理体系概观

战略管理系统的关键要素和主要功能如图 19 所示。

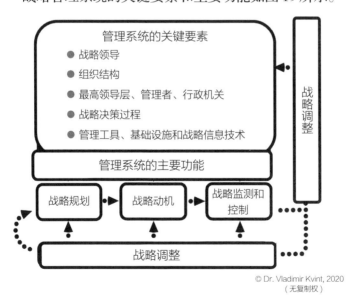

图 19 战略管理系统的关键要素和主要功能

The Concept of Strategizing
战略规划概观

******

对战略管理的系统理解始于在下述三个连续的基本过程中不断评估其基本要素的本质和潜力：战略的制定、实施以及退出当前实施的战略方案。

******

管理系统的第一要素是领导力。领导者是为战略规划对象迈向未知的未来铺平道路的领航员。他是一个鼓舞者，不仅能号召和团结其直接下属，而且能团结集体和民众，将他们变成战友。领导者在很大程度上是战略的人格化身。因此，更换领导者后的一段时间基本是"修订" 战略和（或）准备新战略的过渡时刻。有时这也是研究新战略的开始，而新战略将取代新领导者到来时正在实施的战略。

******

对于任何组织的领导者来说，根本的困境之一是在运营相关战术问题与战略问题这两方之间权衡关注度。

领导者还必须在忙于业务和关注战略规划对象的当前和未来需求之间取得平衡。

然而努力克服思维的惰性很重要。

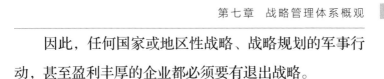

第七章　战略管理体系概观

因此，任何国家或地区性战略、战略规划的军事行动，甚至盈利丰厚的企业都必须要有退出战略。

领导者的主要任务是学习如何将战略规划对象整个团队的领导力与按照分工进行战略制定和实施小组的领导的领导力相结合。

******

领导人经常错误理解战略家的长期想法，而倾向于当前最紧迫的任务和问题。当任何规模的组织有两名高层共同负责当前的战略问题时，经常可能出现的情况是部门领导有着比整个组织的领导更强大的战略意识和远见。

这既可能是一个独立于战略管理系统的部门出现的原因，也可能是其结果。

该部门并不专注于整个战略规划对象的战略重点的执行。

但是无论如何，这种利益冲突不可避免地会降低组织的竞争力、利用新机会的能力和对突发威胁迅速做出反应的能力。

******

战略领导者在战略实施阶段的主要职责是制定并利

The Concept of Strategizing
战略规划概观

用战略管理体系的基本要素。其中最为关键的部分是领导者本身。

领导者必须培养和激励经过集体思想火花碰撞产生的战略思想，并获得所有或至少绝大部分参与战略制定和实施过程的员工的赞同与支持。成功地领导这种集体战略（前瞻性）的制定和实施代表着现代文明新的技术进步水平，同时也是防止潜在的风险和威胁的重要手段。

******

领导力是战略理论和实践的一部分。

领导者需要学习领导才能，并能够根据其所追求的未来愿景，以高超的技能创造性地使用这些才能。

******

战略管理系统的第二要素是组织结构的制定和发展。

******

组织结构内生了战略管理系统所有后续元素的要求，并在实质上直接影响了管理职能的有效实施。

******

组织结构帮助了整个战略管理系统的设计和运营。

同时战略组织结构与运营结构大不相同。通常，战略组织结构与两个不同的任务相关：开发专门用于战略实施过程的组织结构和用于开发整体战略对象的组织结构。

****

战略规划对象的组织结构应以反映对象活动所处环境的特征的方式进行设计，并遵循这些特征。例如，在新兴市场国家中运作的战略规划对象的组织结构应考虑不确定性和风险程度，包括市场的风险以及当地的政治和经济状况，尤其是经济自由度。此外组织结构必须遵守所在国家的民法、金融法、公司和财务条例以及现行的公司向政府部门的报告制度等的规定。特别是公司的组织结构，应在反映其自身战略目标的同时成为与外部权力机关和有影响力的个人进行合作的有效桥梁。

******

在新兴市场国家，公司的组织架构起着更重要的作用，与发达国家相比灵活性的机会更少。组织架构是稳定的锚。

战略组织结构并不专注于运营管理。它旨在有效地制定和实施战略。战略组织结构不是封闭的系统。战略规划对象的现有战略组织架构应建立与当前运营管理机

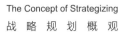
The Concept of Strategizing
战 略 规 划 概 观

构间的相互联系，并在主要领导机构——如总裁、首席执行官、指挥官、董事会等影响下运作。

******

当战略被采纳后，配合其实施的组织架构一经制定并得到相关领导人的批准，领导人就应开始选拔或重新分派经理、管理人员和辅助管理人员。

******

给与新聘高管的主要任务应该是熟悉战略，因为战略的制定和实施在他们参与之前就已经在进行了。

接下来的一步是为实施战略的高管寻找副手和其他下属、部门负责人和首席专家。雇用了所有必要的经理后，下一步是选择和雇用管理人员、助理、助手、秘书甚至公司司机。

******

在新兴市场国家中，寻找和选择高管和管理人员时特别需要注意的严重问题之一是当地人的职业道德和诚信度很低。这可以解释为独裁统治的后果，也因为缺乏对该战略的作用和重要性及如何正确实施的充分理解。

******

第七章 战略管理体系概观

战略管理系统的下一个要素是战略决策过程。

它在形式上是领导人，指挥官，其他高级管理人员和董事会等对于其特权的行使。

在评估现任经理和雇用新经理的过程中，重视战略发展和实施是关键指标之一。经理应该具备吸引专业战略家到组织中来并听取他们的意见和建议的能力。

战略家是不太常见的职业。事实上，对这个职业的需求少于企业界甚至政府和军事机构对业务与财务经理的需求。

******

许多组织的实践（主要是在新兴市场国家）表明，下属普遍缺乏主动性，尤其是不愿意提出战略构想和建议以供管理者参考。

管理者不喜欢冒险，也不想接受创新。因此，员工可能认为表现主动性是不合理的冒险。

因此，员工通常没有准备就接受重大决策，而且也不表现对上级决策的批评态度。这导致领导者很难了解实际情况，包括现有战略的成败、是否需要制定新的战略或更新正在执行的战略。

下属缺乏自由，特别是在做出战略性创新和投资决策的过程中没有话语权，导致了腐败和裙带关系的滋生。

109

The Concept of Strategizing
战 略 规 划 概 观

******

独裁统治对战略决策过程持久的负面影响是新兴市场国家的典型特点。

另一个极端情况则是拥有大量的副手。在这种情况下，大量的副手对主要战略决策的责任过于分散，以至于难以评估已经实施的战略。董事会和其他高级管理机构也因此难以系统和全面地（在整个组织中）认识和理解新的战略思想，从而降低了战略实施的速度。

******

有效的战略决策过程需要详细界定高管和董事会的战略权利与义务。

******

无论其规模如何，新兴市场国家的大多数组织往往缓慢地采纳和使用战略决策的现代方法和流程。

******

任何组织，特别是在新兴市场国家运作的组织，决策过程应侧重于应对和处理各种风险，尤其是政治、商业和技术风险。

进入新兴市场的组织的战略决策过程应在评估主要经济因素之前正式开始，包括分析主要评级和信贷机构系统对该市场的系统风险评估、主权风险和国家信用风险等。所有这些风险都应从组织的战略重点和目标的角度定期进行评估，直到开始制定进入战略为止。

******

风险管理和风险分析应及时更新，以反映地方、区域和国家的法律法规以及执法实践方面的变化。

同时，负责风险管理人员的首要任务是分析影响生产成本的最新技术和其他创新成果、其他竞争者创造替代产品（替代品）的可能性等等，并定期向董事会提交相关问题的分析报告。

******

任何战略决策都应考虑到法律和法规可能的变化方向并对其动态进行预测，还要考虑战略实施的政治意愿。

******

由于新兴市场国家的风险较高，战略决策应始终考虑到可能会以高概率出现不可抗力（force majeure）——不可预见的与政治、经济、商业、技术和环境变化、自

The Concept of Strategizing
战 略 规 划 概 观

然灾害和灾难相关的紧急情况等。

******

总体而言,现有的管理系统理论,包括战略管理理论在内,尚未适应近些年来革命性的技术进步和其他创新成果,特别是知识经济和工业4.0等在发达国家和新兴市场国家带来的新的挑战与机遇。

******

在数字化经济背景下,进入新兴市场国家或已经在该类市场运营的组织通常会遇到IT技术应用未在当地普及的情况。

然而,新的趋势也日趋明显。这些新兴市场国家的大中型企业、国家机构和军事机构正在许多领域努力达到发达国家技术标准,并可能超过它们。

******

尽管互联网方便了人们对信息的访问,但新兴市场国家的高管仍然缺乏对信息流的专业战略分析,这降低了其战略管理系统的有效性。同时,他们常常不想为获得在发达国家广泛使用的报告、资料或者创新、完成和已注册的知识产权付费。

第八章
战略领导和管理的职能

第八章 战略领导和管理的职能

战略领导和管理机关必须拥有实施数百种不同功能的能力和权力。但是，所有这些功能本质上都是三个基本功能的衍生和（或）要素：

◎ 战略计划

◎ 战略激励

◎ 战略

没有这些功能，管理系统（尤其是战略管理和领导系统）不会充分有效。

******

战略计划过程的产出是具有约束力的指导性文件。

The Concept of Strategizing
战 略 规 划 概 观

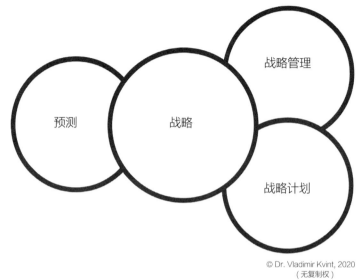

图 20　预测、战略、战略管理、战略计划之间的关系

该文件集中了该战略所有要素及其实施系统，并注有时间安排。这是公司最机密和最有价值的文件之一。

******

战略计划与运营计划之间的区别是，与每日、每周、每月或者当前的运营计划相比，战略计划是针对较长的时间段，一般不得短于一个季度或一年。

******

战略计划应包括三个主要部分（同时代表其阶段）：战略制定、战略实施（包括战略进入）以及退出战略。

对战略规划对象来说，战略计划过程与根据战略计划所产生的文件本身同样重要。

******

没有健全而可行的战略激励体系，就无法有效实施战略计划。

******

战略激励体系根据人们的价值优先事项以及战略规划对象的利益来创建和运作。在准备制定进入战略时，就应建立起具有激励性质的机制。

首先，该系统应该激励参与战略制定和实施的员工在工作中运用战略思维。

******

战略激励体系的正式化包括为员工（特别是负责制定和实施战略的员工）创建激励机制。正式机制应该将反映所有激励建议的文件形成正式规则。它包括道德、社会和财务手段，以激励员工个人及团队。对那些负责形成、发展和实施战略构想的人，可以给予特别的认可和奖励。

******

The Concept of Strategizing
战 略 规 划 概 观

在创建激励系统时,许多高管和经理容易高估财务激励对下属的重要性,却忽略或低估了可能非常有效的社会和道德激励。

******

激励机制最难实现而又最重要的功能是激励领导、管理人员甚至专业人员进行战略性思考,以不断发展和丰富他们对未来的愿景。

******

战略激励不仅与金钱和道德激励有关,当员工参与了战略化过程并提出了构想,实现构想本身可也以成为激励员工发挥主观能动性的有力手段。

******

一旦战略被采纳并开始实施,战略家应基于所选的经济和数学建模系统(例如基于主体的模型)进行监测并控制此过程,关注其成败,并将接收到的信息纳入战略实施的下一步骤。

******

战略方案可以不断再确认和更新的事实并不意味着

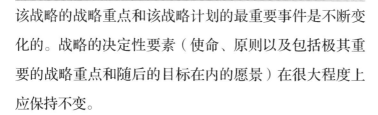

第八章 战略领导和管理的职能

该战略的战略重点和该战略计划的最重要事件是不断变化的。战略的决定性要素（使命、原则以及包括极其重要的战略重点和随后的目标在内的愿景）在很大程度上应保持不变。

不过，也可以更改战略计划的某些方面，使战略具有更高的效率来抵御外部环境的负面影响并确保其可持续发展性。从本质上讲，应以战略中的基本要素为主，而战略中的计划等方面为次——可以通过调整后者来影响战略实施取得成功的速度。

******

战略监控的重要组成部分是定期评估负责该战略的管理者以及该战略本身的社会和经济效益。

******

战略调整是有效控制和监测的要素和结果之一。以控制和监测的结果为基础的战略调整是部分地改善战略计划的开始。

******

战略监控的一个关键方面是对参与制定和实施战略的战略家及其他专业人员的绩效进行评估。

The Concept of Strategizing
战 略 规 划 概 观

******

战略家仅应提出可以实施的且具有长期意义的前瞻性实用建议。最好的战略永远是简单且完美的。当战略家对战略管理系统的实施提出建议时，完美是他们应努力追求并实现的特性和结果。

领导者和整个战略管理体系必须适应和有效利用革命性的新技术及其他创新成果。

对于战略管理系统，尤其是领袖和战略家而言，最困难和最重要的职能是激励领导、经理甚至专业人士进行战略性思维，不断发展和丰富他们对未来的构想。

在战略规划过程中，价值观是激发员工主动性的强大工具。

本书的精华

战略是一个体系，用于寻找、形成和发展一个可以让忠实遵循它的人取得长期成功的学说。战略也是一种智慧，利用有限的资源来导向成功。

战略家是一位英明的、受过训练的和乐观的专业人士，有着战略性思维、对于未来的构想以及良好的直觉。其拥有丰富的知识体系和战略的系统方法，也有着对于当前最具影响力的客观趋势的综合了解。

战略管理系统：一个包含了战略形成、执行和运作的管理过程，以根据战略目标的基本价值和利益来建立、改进或扩展战略目标的优先事项为目标。

正式战略是战略制定的最终产出。它综合考虑了对

The Concept of Strategizing
战 略 规 划 概 观

于未来的最新预测、公共价值和利益。它由一个清晰的使命宣言、对于长期的构想（包含对于优先事项的说明）、战略目的和目标组成。同时，该长期战略必须包括一个特定的待执行的设想，它可以借由战略规划和战略管理系统来监控。

全球市场是一个战略体系。它让全球的消费者、公司、各国和地方政府以及多边组织之间缔结了经济关系，让它们可以实时地进行忽略地理距离的合作和竞争。

全球商业秩序：全球商业秩序是全球秩序的一个组成部分。在势不可挡的正逐步发展的全球市场中，它提供了一个相对稳定的商业合作机制，让公司可以和全球的、地区的以及国家的机构进行合作。它也是一系列规则，约束公司在不侵犯人权和国家利益或者地区性和全球性的规范和协议的前提下在全球市场开展的合作和竞争，并发掘相应的机会。

全球秩序：全球秩序是一套用于政治和经济合作的体系。它是有组织地逐步发展而来，有时也受到多边组织、超级大国和其他一些国家的战略性影响（虽然这些影响最初不一定是通过合作性的手段）。全球秩序提供了一系列规范性的流程，用于避免或削弱摩擦并同时促进稳定和可持续的发展。它给国家、地区和公司提供一个通过彼此协商来解决争端的手段，并研究共赢的解决

本书的精华

方案来应对全球化的挑战。

外商直接投资：外商直接投资在经济上的策略本质上来自国外的竞争机会——素质合格的劳动力、可获取的资本、有效的管理系统，技术以及专业技能。在风险可控并且有一份详细的关于投资可行性的分析和战略规划时，这些要素将使投资者更快地获得更高的回报。

外商直接投资的风险：外商直接投资的风险是固有的，来自其跨国界的商业活动。外商直接投资会受到各种威胁，这些威胁可能是可预测或不可预测的，可能来自外在环境或者公司内部资源的不利变化。这些威胁产生的后果可能可控或不可控，但都会造成潜在损失。

******

到2025年，人类会需要一个新的战略范式来构建全球秩序。在当前全球人口爆炸式增长的情况下，人类生存所必需的资源进一步枯竭。如果不在区域、国家和全球层面研究并执行革新性的战略，人类整体不可能取得进一步的发展。21世纪的第一个十年，公众的心态因为经济和社会危机变得低落。人类需要一个新的导向成功和希望的战略范式。在新的全球秩序下，战略家在创造能帮助人类生存和实现可持续发展的战略时必须考虑到这一点。

The Concept of Strategizing
战 略 规 划 概 观

******

在战略研制阶段，国家利益不能局限于公民价值和社会价值的提升。不管国家的大小，国家利益都必须代表国家在内部发展和外部全球竞争格局中的战略利益。全球化以及由此带来的全球、地区和区域团体之间许多障碍的消失提升了国家利益的重要性。一个国家战略必须代表以上这些利益，在实践中体现这些利益并促进它们的增长。只有在制定好国家利益后，政治的、社会的、经济的和生态环境方面的战略才能做好调整战略方针和战略偏好的准备，并创造和（或）改善国家的战略重点。这个阶段的战略研究非常重要——其重要性在向有责任凝聚民众向心力的国家领导进行汇报时应该被强调。如果没有取得国家领导的许可和支持，一个战略构思永远不会在实践达到下一个阶段。

一个成功的战略一般不能被持有传统思维模式的人所发现、发展甚至完全理解。生活琐事和日常杂务让思维变得只能运转、短视、缺乏远见以及缺乏策略性。几乎每一个成功的领导人或者具有远见卓识的人都得益于其能够良好运作的战略思维模式。

******

本书的精华

战略在成功各要素中是最为抽象和理论的，但仍然切实可行的。战略成功可以来自具备多年经验和广泛知识的人，也可以来自一个具有创新思维的年轻人。这种年轻人不受传统观点的束缚，更没有思维上的惰性。明智的战略具有不断反思和重新评估的过程。无论是在工作、游玩还者休息时，战略家永远在对战略制定进行思考。它的制定是顶级决策者的特权，也是致力于规划、监督、重新设计以及更新战略的专家的特权。它是管理的顶点。

******

战略思维有三种基本的方式。

第一种方式是新维度战略。新维度战略要求跳出规划目标目前的议题去思考。这是为了辨识和解析颠覆性革新的途径。这些途径可以通向成功，哪怕它们可能完全改变实体目前的活动。

第二种方式是改进战略。和新维度战略不同，改进战略专注于分析规划目标目前的子系统、基本部分、职能以及它们彼此之间的关系。

第三种方式被称为组合战略。组合战略比前面两个战略需要更多的实践和资源方面的投入。该战略适用于必须在当下保持原有战略规划的方向（但可以有些许改进），但同时准备拟定新的或者彻底变革的思路（就像

The Concept of Strategizing
战 略 规 划 概 观

新维度战略一样）的公司和军事单位。

若想成为战略家，首先需要从深层次上重新定向、重新调整以及重新设置已有的思维模式，以最终培养出战略性思维。这样做的好处是巨大的。战略家对最具影响力的客观趋势包括全球的趋势必须有一个清晰的认知。战略家还需要拥有制定战略重点的能力，这样才能根据这些重点来设定目的和目标。

******

无论最终是否被选中，所有战略思维都应该考虑到以下三个元素：时间、成本以及空间。时间和空间的本质及相互作用的方式通常被认为是物理学的范畴。

******

我总是建议战略家不要花费过多时间研究以往战略的环境因素。这些战略场景已经消逝了。一个战略家的成功只会来自在他见证战略构想成功孕育的那一刻。

******

战略家必须拥有强大的甚至能够预测不可预测的事物的能力。他还必须有能力执行竞争对手难以琢磨的决策。

本书的精华

******

这40多年来,我从经济学家转型成为战略家,并在不少国家有过艰难的经历。这些国家中有一些甚至彼此有利益冲突但在不同大陆板块上。我逐步得出了以下15条原则。

******

战略家的才能和三条交织的思维和分析线路有关。第一,其必须能够从一个超越自身抽象思维能力的层次来理解现有的统计和经验数据。第二,其必须对这些数据的核心细节进行评估。第三,其必须具有很强的直觉来从数据中去芜存菁,找出战略的核心要素和驱动力。这个直觉将引导其所做研究。

原则1:战略永远不能仅仅依赖于常识。

原则2:在战略规划中大多数人的意见通常是错误的。

原则3:就战略意义而言,"现在"其实已经是"过去"了。

原则4:战略家必须学习过去的致胜战略的经验。

原则5:没有一个战略可以永远成功。

原则6:战略家最大的敌人是思维惰性。

原则7:战略家不应该策划可以被预测的模式和方案。

The Concept of Strategizing
战 略 规 划 概 观

原则8：一个成功的战略不能是欺骗性的。

原则9：战略家必须能够把未来的混乱转换成系统性的有成功可能性的前景。

原则10：不对称的战略应对比对称性的更有效。

原则11：战略家应始终保持乐观。

原则12：始终高估你的对手或者敌人，并且借用他们的优点。

原则13：对创新的战略性支持和引导可以给予战略规划对象巨大的战略优势。

原则14：战略家应该将时间作为决定性因素以使有限资源的利用最优化。

原则15：战略家应该弄清战略规划对象真正的价值、利益以及战略重点，而不是专注于领导者的需求。

在制定战略时，战略家应该通过预测来制定战略策划和实施的方向。当一个战略进入实施阶段时，对于资源的评估和长期进度表的绘制应该交给企划专家。接下来，企划专家会制定一个未来1—5年的大致规划，以及一个侧重于之后12个月的运营计划。这个运营计划还可以被进一步细分到周、日甚至小时。

简而言之，战略介于预测和计划之间。

******

本书的精华

　　介绍商业战略的书籍通常会运用SWOT分析方法并举例。SWOT是下面四个词语的缩写，很容易被记住：强项、弱项、机会和威胁。然而，根据我的经验，尽管SWOT分析方法可能对写论文有帮助，它在实践中的应用并不奏效。SWOT的失败是因为，战略家必须首先寻找机会，而机会通常转瞬即逝。众所周知，竞争对手通常会将由于它的失误造成的机会迅速消除。在分析机会后，战略家会把注意力转向强项。强项更准确的定义其实是战略制定对象的比较优势。只有遵循这个顺序，对于威胁和战略优势的分析才是高效的。最后被分析的应该是弱项，因为它们是可以被弥补和加强的。遗憾的是，OTSW并不像SWOT这么容易记忆，但OTSW其实是最准确的对战略家分析内外部环境时所遵循顺序的缩写。

＊＊＊＊＊＊

　　使命宣言是在对内外部环境进行分析和预测后形成的第一个实用文件。使命宣言用最朴素和最直接的方法去向消费者和潜在的合作者传达企业的商业精髓。使命宣言还必须描述公司希望向社会提供的服务。

　　它简要解释了公司将如何满足全球的、区域的或者当地的社会价值、利益和需求。与战略制定的下一阶段——愿景不同，使命宣言完全是向公司外部的人

The Concept of Strategizing
战 略 规 划 概 观

传递信息的。

******

愿景是战略的第二个核心要素,也是战略制定的第二个阶段。从战略制定开始,一个战略家就必须通过定义和拓展战略愿景等主要方式来寻找和丰富这三个基本要素之间的联系。

******

在战略制定和实施的过程中,缺乏目标会产生实质性的威胁,甚至比完全没有战略还要严重许多。没有目标就意味着没有结果,也意味着所有工作都是无用功,还会浪费时间这一战略家拥有的最有限的资源。围绕着一个虚假的目标制定战略规划则更为糟糕,因为它会导致弄虚作假的结果以及完全建立在假想上的战略。

******

组织结构的成长和关键的战略性议题直接相关。一个不恰当的组织结构通常会阻碍一个有效战略的执行。组织结构的发展应该注重效率,并注意把一些领导职责适当地分配给下属。这样的结构可以帮助领导者避免因过度操劳而导致一些无心之失。

本书的精华

　　战略执行中第一个设定定量指标的部分是对生产、销售、员工等制定目标。基于之前所有形成战略的阶段，目标制定提供了一个标尺来指引战略制定和战略执行的后续阶段。

******

　　这三个特定的战略场景和计划针对了不同程度的风险和收益：低风险、中等风险以及极端风险。这三种风险又对应着不同规模的潜在收益。极端风险通常要求实体付出其在正当范围内可以筹措和调动的所有资源。

　　根据战略管理体系两个根本流程——形成和执行，对于这个体系的系统性解读应该从它的主要要素开始。战略管理体系的第一个要素是领导者。

******

　　当组织结构被制定并被相应的上级部门或领导通过后，领导者应该开始招聘或者在公司内部调动高管、部门经理和后勤等部门的人员。

******

　　在建立一个战略管理体系时，当务之急是把它的形成流程从它的运营流程中分离开来。有些管理体系的功

The Concept of Strategizing
战 略 规 划 概 观

能可以被理解为决策过程的不同阶段，包括计划、激励以及控制；有些功能则可以被分摊给管理体系的一些主要专业性部门，例如会计、财务以及法务；有些功能还可以被分配给负责内部和外部公司治理的部门，例如对公关系以及对子公司和分厂的监督。

******

战略的决策过程是战略和战略规划的一个重要组成部分。它要求领导者有能力、专注力和战略思维，还要求下属有才能和守纪律。决策过程是战略思维的顶点。战略决策的过程是顶尖的管理和行政人才的专有权利。

附 录

附 录

国家和区域分类系统的战略必要性

在评估实现国家和地区利益的预测和前景中，领导人和战略家寻找、证实和选择战略优先事项、目标，并制定战略方案和理论以将其整合。改善这项活动的公共支出、预算和公司效率的主要原因是使用

> 不管是什么分类，其本身是有价值的——它总比没有任何分类好。
> ——法国哲学家、结构主义人类学家创始人克洛德·列维－斯特劳斯（Claude Levi-Strauss）

合理且经过验证的形式和方法对国家、地区、各种领土—空间组织及其系统进行分类。

分类和分级有助于初步正确地选择投资目标和投资阶段，采用最有效的战略规划和战略管理的各种形式和方法，以及在制定和采用战略决策的过程中降低主观性，

The Concept of Strategizing
战 略 规 划 概 观

使我们大致了解战略规划分类对象之间深刻而又不明朗的关系和差异。这是科学且方法合理的系统化和分类战略规划对象的特点。而这种方法是在初步创建战略规划对象的整体图像时，对领导者和战略家的智力、直觉的增强与补充和对经验的运用。他们将在实施该战略的数年或数十年中接受这一点。这弥补了将要实现的战略目标的缺失。因此，国家和地区的战略技术、经济、政治和军事分类在战略家、领导人、政治人物、军事人员和科学家的议程上是重点之一。

严格地说，科学研究中的"分类"一词到近代才出现。1813年在制定分类法、系统化以及现实和知识的等级领域理论的过程中，由卡尔·林奈（Carl von Linné）提出。但是，对世界分类的最先尝试是古希腊人使用"定居区"一词（希腊语 οικουμενη，来自 οικεω "我居住"），以他们所知的海拉斯为中心来描述居住的那个世界。当时的商业世界可以分为两大类：第一类是古埃及经济学，尤其是在托勒密时期，与第二类（较早的）古希腊的经济有着根本的不同；第二类经济主要集中在城邦国家（city-states），这些国家以市场和个人财产权为基础。加利福尼亚州立大学圣马科斯分校（California State University, San Marcos）的达雷尔·恩金（Darel Tai Engen）教授说："与中东大国相比，希腊经济自由发展，大部分土地为私人所有。"①

相反，沉入历史深处的古埃及经济集中在"大型官殿或庙宇综合体"周围，实际上垄断了一切可以被称为"工业生产"的东西以及对外贸易……并在官僚、报告和档案管理的帮助下组成了社会的经济、军事、政治和宗教生活②。到15世纪，普世文明已经成为旧世界新分类的核心。

由于欧洲对新世界的发现，没有被分类的领土最终成为独立的国家，并形成了区域实体。

军事冲突和战后现状通常会导致根据军事政治而不是根据战略原则重新划分国家和地区。例如，在第二次世界大战期间，世界分为盟国（英国、苏联、美国和法国）和"轴心国"（德国、意大利和日本）及其各自的附庸国。这个分类一直存在到冷战开始之前，冷战时期国际社会分裂为三个在政治和战略上确定的阵营：资本主义国家、社会主义国家和不结盟国家。不结盟国家构成了一个较大的组（按国家数），随后被称为"第三世界"。这个词逐渐与贫穷和不发达国家联系在一起。这种联系的战略逻辑是显而易见的：第三组的大多数国家都拒绝了市

---

① Engen D. The Economy of Ancient Greece // EH.Net Encyclopedia / ed. by Robert Whaples. Retrieved. 1985. URL: http://eh.net/encyclopedia/article/engen.greece （Retrieved April 29, 2008 from）.
② Finley M. I. The Ancient Economy. Berkeley: University of California Press. 1985. P. 28.

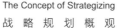

战略规划概观

> ……著名经济学家反复指出，俄罗斯没有明确的经济发展战略，因此没有采取一贯的步骤来加速增长。
>
> 俄罗斯正在沿着最原始的惯性路径前进。经过深思熟虑的国家发展战略仍然不存在。
>
> ——弗拉基米尔·昆特

场自由竞争原则。国家越远离市场自由竞争原则，它的公民就越贫穷。

资本主义国家与社会主义国家之间日益加剧的两极分化最终导致了1989年11月柏林墙的倒塌。在不断增加的混乱和信息剧增（反映了新的全球模式的影响）的影响下，过时的战略平衡实现了质的转变。同时，几乎在一夜之间，"资本主义国家""社会主义国家"和"第三世界国家"这一分类的三个类别的重要性崩溃了。

战略家必须理解，基于经济、社会、文化和宗教因素对国家和区域进行划分和分类，与基于政治思想对国家和区域的结构化分类相比，在短时间内更具现实意义。因此，在此期间建立分类系统的尝试的有效性，例如，基于市场经济和非市场经济的划分，在时间上也被证明是极其有限的。显然，世界上所有国民经济，至少部分是市场经济，包括越南和古巴在内的共产主义阵营也对国民经济进行了各种深度和不同程度的市场改革（朝鲜除外）。

尽管战略分析表明，政治和军事因素不能成为分类和系统化的长期决定因素，但它们仍在产生着显著影

附 录

响。在这种情况下,系统化优先事项和战略目标时,区分拥有专制政权的国家和相对自由政权的国家是很重要的。尽管实际上已经接受了关于市场经济的合法性全球共识,现代全球市场空间(GMS)在某种程度上涵盖了193个社会经济和技术成熟度水平迥异的国家。

集团高管和政治领导人、战略家、评级机构的分析师以及国际投资者必须不断根据社会、经济和技术发展水平的差异并在对政治、投资和创新环境进行分析的基础上对国家进行分类。通过调查这些问题,战略家和领导人根据自己的利益和实际需要,例如政治、经济、主权和国家的投资风险以及创新技术和商业风险等方面,努力对国家和地区(国际和国内)进行分类。

解决该问题最常见的方法是依靠主要国际组织(例如联合国、世界银行、国际货币基金组织和世界贸易组织)对国家和国际地区进行分类,或者咨询领先的评级机构和公司。

但是,本书的目标之一是要表明,在这些国际组织中,国家和地区的战略分类系统和短期分

> 分类系统基于各种指标的评估。
>
> 指标是评级系统和指数的基础。
>
> 用评级和指数对国家和地区划分等级,而在分类系统内部开发和使用组或类别。
>
> 在这些类别中也把国家和地区划分等级;也同样在类别中应用评级系统。类别系统组成分类系统。
>
> 分类是一个类别系统,并在这些类别中划分等级。
>
> ——弗拉基米尔·昆特

The Concept of Strategizing
战略规划概观

类系统缺乏依据或依据不足，对于要做出重要而长期战略决策的战略家、领导者和高管而言，这些组织成为极其不可靠的参考信息来源。

附 录

主要国际组织对国家分类的战略缺陷

可以假设,如果全球国际组织依照广泛而深入的方法,明确定义的类别,根据特定因素对国家和地区进行分类,那么它们的分类是有价值的信息来源,可以作为重要战略决策的基础。不幸的是,事实并不完全如此。相反,国际组织没有建立普遍接受的对国家进行长期战略分类的系统性标准。此外,有些国际组织,没有明确合理的对各类国家和地区的定义用于它们的统计报告和分析资料中。结果,其中的类别彼此重叠,定义模糊,有时相互矛盾或实际上不适用。对于战略分析来说,对于同一个国家或地区可以在这些组织看来相互排斥的分类中找到不同的统计数据,这是不可接受的。此外,这

The Concept of Strategizing
战 略 规 划 概 观

> 如果科学本身并没有带来任何实际利益,那么即便如此也不能被认为是无用的,因为它能提高思想认识并使其秩序井然。
> ——英国哲学家弗朗西斯·培根(Francis Bacon)

些类别的定义在短时间内会保持不变,这一点已经被确认。例如,使用"发展中国家"这一类别。这一类别最初是根据经济和政治标准在战略上不合理的组合情况而划分出来的。由于政治原因,国际组织从未使用过确切的国家分类术语。

1979年,国际货币基金组织将世界划分为"工业国""发展中国家"和"较发达的初级生产国"三类①。显然,这些奇怪的名字以及这一分类本身,在全球经济发展的后工业化时代开始时就已过时。当时主要的产业基于服务业,后来以知识经济和新生的数字经济为基础的工业变得更加发达、高效,并且在某些国家中成为国民经济的支柱产业。冷战结束后,第三世界的发展中国家基本上成为没有适当的经济、政治、军事和战略基础的地理类别。根据国际组织的调查结果,南美洲、亚洲和非洲的所有国家都属于这一类。东欧国家被称为"过渡经济国家"(transition countries),但关于它们与发展中国家这一类别之间的经济和战略差异并没有给出解

---

① Boughton J. H. The Silent Revolution: The International Monetary Fund 1979–1989/ Washington D.C.//The International Monetary Fund. October 2001. P. 246 (footnote).URL: http://www.imf.org/external/pubs/ft/history/2001/ch05.pdf (Retrieved April 9, 2008 from).

释。甚至苏联各联盟国家之间在经济和社会发展条件上也存在着很大差异,实际上几乎不在所有类别之列。在一般情况下,它们被称为联结这些国家的经济团体——独立国家联合体(独联体),国家在相互承担义务方面很大程度上是模糊的并且非常有限。一些独联体国家社会经济发展水平比其他独联体国家更接近于所谓的转型国家。例如,俄罗斯、乌克兰和白俄罗斯的经济指标更接近东欧国家和波罗的海国家(被视为转型经济国家),而不是一些独联体中亚共和国。从逻辑和语义上讲,所有新兴市场国家,甚至是发展中国家,都应被称为经济转型国家,因为它们都处在转型阶段。

对于许多经济学家和战略家来说,令人惊讶的是,即使在2019年,根据联合国的分类自20世纪90年代中期开始出现的、专家和科学家已广泛使用的"新兴市场国家"这一类别并不是正式的国家类别。其他国际经济组织相当随意地使用此类别——有时将其作为发展中国家或经济转型国家的同义词,有时将其作为单独的类别。缺乏对新兴市场国家类别的普遍可接受的定义以及针对国家和地区的完整标准分类系统,导致了大量不正确的统计数据以及基于这些数据的错误研究结论的出现。即使在布雷顿森林体系的个别报告中,对新兴市场的统计数据也是互相矛盾的。大多数

The Concept of Strategizing
战 略 规 划 概 观

布雷顿森林体系的组织机构及其分析小组从根本上忽略了本书研究的两种新的经济现象——新兴市场国家和全球新兴市场，这使整个从战略上理解、分析和评估全球市场空间的过程变得非常复杂。

对国际组织国家分类体系的一般分析

显然，所有领先的国际组织对国家的分类都缺乏依据。首先，它们没有基于某些公认标准进行明确定义的方法，因此，它们的分类是不系统的。其次，这些国际组织之间的术语和类别都没有同步，这在很大程度上是联合国的问题。联合国作为领先的国际组织，并未利用其权威来做到这一点。再次，这些分类中的术语已经过时，不能反映21世纪的现实。最后，在这些组织中，没有一个对"新兴市场国家"做出明确而正式的定义。新兴市场国家的分类不包括在联合国和世界银行集团（WBG）的分类中。新兴市场国家被分在几个不同的类别中，即使在同一国际组织的分类中，同一国家也经常出现在几个类别中。国际货币基金组织是唯一正式使用"新兴市场"（Emerging Market）一词的国际组织，但其并没有给出"新兴市场国家"的明确定义。有些新兴市场国家通常包含在货币基金组织划分的其他类别中。

国际组织的分类系统与全球商业共同体的实际要求

不一致，其带有满足国家政府的要求甚至满足这些组织自身需求的特点。结果导致国际组织就提供国际援助、贷款、借款和技术支持做出公正有效的决定的可能性减小，使得决定不够客观。对于全球和区域国际组织而言，国家分类系统是战略决策的基础。为了实现优化这些组织的有限资源的目标，了解国家和区域类别之间的差异非常重要。与新兴市场不同的是，发展中国家和不发达国家仍需要国际组织和提供与预防饥荒、大规模疾病及政治不稳定有关的援助的机构特别关注。发展中国家需要得到帮助以改善它们的教育系统并制定战略进入全球新兴市场。国际组织不能忽视对"新兴市场"以及"发展中国家"和"不发达国家"进行清晰定义的实际需要。这不仅对国际商业界很重要，而且对于最贫穷的民众和需要世界政治及商业领袖特别关注的国家尤其重要。

国际组织分类系统的替代

从前文的分析可以明显看出，仅国际组织并不能成为国家战略分类系统权威的信息来源。有许多私人机构和研究组织也在制定评级标准并定期监控国家或地区的特定指标，以满足国家和公司领导人以及战略家的实际需求。但是，作为国际组织所采用的分类方法的替代方法，以下是一个先进的评级机构的评级示例。

The Concept of Strategizing
战 略 规 划 概 观

标准普尔（S & P）和花旗集团（Citigroup）是最可靠和最受尊敬的私人评级机构，它们在世界范围内根据国家自身战略的实际需要，建立了国家分类系统。它们将国家分为两种主要类别：发达国家和新兴体（Emerging Composite），目的是根据人均国民生产总值的大小对国家进行分类。该指数基于以下条件[①]：

（1）人均国民总收入（GNI）：根据世界银行的定义，连续三年进入高收入行列。

（2）必须证明的金融市场深度：该国自有资金与国内生产总值的比率很高。近年来，世界市场的金融意义已经增强，并且大大领先于国内生产总值的增长。但是，对于实际上被认为是发达的国家，收入水平和总市值都应该很高。

（3）连续三年在该国没有对非居民投资者的歧视性控制。

（4）该国的证券交易所应在透明度、市场深度、市场监管、运营效率和没有跨境投资限制方面反映发达市场的特征……

该指数主要基于对国家的国民经济金融领域的评

---

① Standard & Poor's S&P/Citigroup Global Equity Index Methodology. January 2008. P. 7-8. URL: http://www2.standardandpoors.com/spf/pdf/index/SP_Citigroup_Global_Equity_Indices_Methodology_Web.pdf（Retrieved March 21, 2008 from）.

估。它没有考虑其他一些重要的发展指标,例如政治和经济自由、商业基础设施和产业发展、社会稳定程度、技术发展水平、区域失衡等等。尽管在许多情况下,私人评级机构和研究组织创建的分类系统可以采用比国际组织更明确定义的方法,但是,它们通常主要关注自己机构的实际需求。结果这些分类系统在本质和规模上并不总是完整的,它们的评估有时会远远落后于现实和战略需求,因而是肤浅的。通常,这些机构的评级方法对企业界和国家政府而言是保密的,尽管它们的评级对主权风险和全球经济的影响很难高估。但对于战略家而言,这些评级是关于具体问题的可靠信息的非常重要的补充来源,在创建一个更全面的系统时,可与其他分析结果同时使用。例如,国家分类系统的财务特征可以通过资本市场的分类或根据个别金融工具的使用和效率进行的国家分类得以改进和补充:

"作为替代方法使用宏观经济的随机模型(stochastic macroeconomic appraisals)以确定国家风险,可以考虑兰德公司(Rand Corporation)丹尼尔·科勒(Daniel F. Kohler)对国家风险进行的市场评估。他发现许多国家的债券都在瑞士的国际市场上交易。利用有关该市场的运营及其统计信息,他设法根据风险类别对

The Concept of Strategizing
战 略 规 划 概 观

国家进行了分类。"①

但是,评级机构和研究组织倾向于将经济成熟度和政治稳定度不同的国家归为同一类。甚至是在《经济学人智库》(www.eiu.com/)发表的调查报告中,也很难看到"新兴市场国家"。发展中国家和不发达国家之间的差异,使得这些报告中各个国家类别的统计数据不准确,并降低了其战略重要性。新兴市场国家的统计数据所显示的效率经常不符合实际,包括由于对人口的高估和统计不准确而降低了人均劳动生产率和人均国民生产总值(这些国家包括埃及、印度尼西亚、墨西哥、乌兹别克斯坦等)。

由于缺乏正确的分类,战略家应根据具体指标和分析并考虑其实际和理论需求来发展自己的分类系统。同时,指标应该非常详细以避免因计算错误而影响结果并导致错误的结论和战略建议。战略家必须考虑要为其创建分类系统的主体的需求,不同类别的主体需要根据不同的国家分类系统来制定战略。

各国政府需要分类系统,目的是更好地了解自己的国家在全球市场空间中的状况,研究并借鉴具有类似特征的国家的成功战略,优化国际人道主义援助方案,改

---

① Zelner A. Risk and the Economy Commentary // In Stone C. C. (ed.). Financial Risk: Theory, Evidence and Implications. N.-Y.: Springer. 1998. P. 121.

善经贸关系，改进与不同经济成熟度国家发展关系的战略。发达国家政府需要了解哪些国家是最不发达国家的或欠发达的，以优化援助和支持策略，确定可以得到更多益处的国家，使这些国家为贸易自由化和劳动力、资源和资本自由流动做好准备，并有能力和意愿合作，监管反垄断活动和防止洗钱，协调货币、金融和财政政策，避免对在多个国家工作的企业和私人企业家双重征税（主要是发达国家）。

> 我尽量不对正式文件发表评论，但我不能无视《俄罗斯联邦2025年前空间发展战略》。……该文件指出，俄罗斯84个地区中的54个主要优先事项是生产半挂车！（对莫斯科而言，幸运的是根本没有定义优先事项）官僚机构在很大程度上致使我们庞大的行政机构要求50个地区参与生产半挂车。
>
> ——弗拉基米尔·昆特

新兴市场国家政府还需要根据国家分类系统来制定其国内和国际经济贸易政策。进入21世纪以来，新兴市场国家的企业不仅在国内市场上运作，而且在其他新兴市场国家、发展中国家、欠发达国家甚至发达国家运作。

国际组织在帮助这些政府实现这些目标上发挥着关键作用。它们应为发达国家创造平台，以改善它们彼此之间的关系以及它们与新兴市场、发展中国家和不发达国家之间的关系。它们需要与发达国家一起向欠发达国家提供直接援助，以便可以集中和协调对最需要帮助的人提供的援助。国际组织在全球市场空间

The Concept of Strategizing
战 略 规 划 概 观

制定互相可接受的业务和经济合作规则以及规范方面也具有巨大潜力。

对来自任何类别国家或地区的企业的领导和战略家来说,了解和评估该国或该地区的经济发展水平和商业状况至关重要,这关系到他们投资战略的可能方案与该国或该地区的商业和政府机构进行互动的可能性。他们还需要分析和评估系统风险(国家信用风险)、银行组织、总体投资环境以及这些国家或地区潜在员工、合作伙伴和消费者的生活水平。由于这些以及许多其他原因,任何国家的企业都必须对国家进行分类,分类重点是经济和商业成熟度、政治稳定性和生活水平。

附 录

国家和区域分类的战略方法

系统的国家分类方法源于对新兴市场国家分类的认识。通常,对一个国家的分类基于对两个综合指标的分析——国内生产总值(GDP)和人均国民生产总值(或人均国民总收入)。对国家进行分类的战略方法需要分析更大范围的指标。早在1975年,诺贝尔经济学奖得主佳林·库普曼斯(Tjalling Koopmans)以及经济学家约翰·迈克尔·蒙蒂亚斯(John Michael Montias)写道:

"一般而言,我们认为新情况会催生一种方法来比较经济制度,同时避免使用以前根据伟大的'主义'学说(ism)所使用的分类,主义是表示划分世界经济体系的传统结局,如'资本主义''社会主义'等,取而代

The Concept of Strategizing
战略规划概观

> 战略家需要仔细监控所有指标向量的运动学,并考虑到正向量可以朝相反或先前无法预料的方向改变。
> ——弗拉基米尔·昆特

之的是从比较特定经济职能的组织结构开始。其中,有必要考虑协调各种组织的生产活动、生产新的或现有类型的产品的资金的积累和使用,研究和开发新的生产方法和手段,在系统的参与者和受益者之间分配已经制造的产品和服务,并保持总体稳定性,保护私人参与者免受其他人经济活动的有害影响。"①

即使是库普曼斯和蒙蒂亚斯提出的这种广泛的方法也主要考虑了经济方面,但是,不能仅通过对经济和金融指标以及主要经济因素的分析来对国家和区域进行分类。类似的方法无非是一种简单的经济决定论,低估了文化、宗教和民族传统的作用,以及在某种程度上的政治和长期的战略利益。对所有这些方面的分析是建立战略性国家分类系统的第一步。所有这些方面都应成为真正的国家分类体系的一部分。战略家需要仔细监控所有指标向量的动态,并记住正向量可能会向相反或以前无法预料的方向改变。

战略家必须认识到社会就像一个人一样:如果功能正常,则他的精神状态和健康状况都应该良好。在近代

---

① Koopmans T. C., Montias J. M. On the Description and Comparison of Economic Systems // Political Science Quarterly. March 1974. Vol. 89. No. 1. Pp. 236-238.

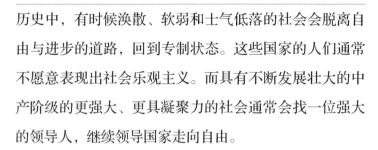

历史中,有时候涣散、软弱和士气低落的社会会脱离自由与进步的道路,回到专制状态。这些国家的人们通常不愿意表现出社会乐观主义。而具有不断发展壮大的中产阶级的更强大、更具凝聚力的社会通常会找一位强大的领导人,继续领导国家走向自由。

当战略家不居住在所分析的国家或地区或者对其不熟悉时,他应格外谨慎地作出结论和提出战略方案。在这种情况下,必须从国内外政治角度考虑所有方面,特别是考虑到该国与邻国的双边关系。这就是评估文化、宗教、社会和政治方面至关重要的原因,尽管它们极其难以量化、分类和比较。即使是国家和地区特征,例如气候和天气条件(与第一个基本经济因素领土有关),也对经济和社会发展产生着重要影响,也应对其进行战略分析。

然而,在制定战略性国家分类体系时,从可以量化的指标开始总是更容易、更有效。根据这些数据,可以对不会引起特殊问题的国家进行评级。这给了战略家们信心,并为从定量分析到定性指标的转变提供了可靠的基础。因此,分类系统的开发应从采用定量方法开始,而战略的制定则以相反的顺序进行——始终只采用定性的方法。在战略中,首先,必须制定定性特征的优先事项和目标,以保证战略学说的正确矢

The Concept of Strategizing
战 略 规 划 概 观

量，然后定量研究可衡量的任务，确保实现定性方法确定的优先事项和目标。

定量和定性的政治、经济、金融和技术指标系统提供了一个国家形态学概念，即国家的特征体系和内部结构。根据该系统，它可以作为统一的社会政治、经济和技术实体。因此，必须在持续监测国家、文化和宗教环境的情况下分析所有这些因素和指标。

按经济产业结构对国家和地区进行指数化

在20世纪的最后25年，先进国家开始克服其经济发展的工业阶段，进入了主要以服务业为基础的经济发展阶段。这种趋势在21世纪在世界范围内越来越多的行业和地区中继续加强，并有了新的定性特征，主要是技术特征。这里所指的是21世纪第二个十年中数字经济的增长。当服务业、知识经济或数字经济的增加值超过国民生产总值的50%时，可以将经济视为后工业时代或者是主要基于服务业和数字技术的经济时代。服务业在国内生产总值中的份额是该国经济成熟度的重要战略指标。但是，它无法提供足够的特征来分析该行业对国民经济发展水平的当前影响。服务业在国民经济中占主导

> 战略旨在将未来的混乱变成成功的项目。
> ——弗拉基米尔·昆特

的国家中既有经济成熟度较高的国家（如美国、丹麦等），也有国民经济从未经历工业化阶段、发展程度不高的国家（如吉布提、伯利兹、厄立特里亚等）。事实证明，经济对工业的依赖大于对服务业的依赖并不意味着该国欠发达。与仅面向服务业的国家相比，这些国家向工业4.0的转型要快得多。尽管如此，服务业的增加值占国民生产总值的百分比对战略家来讲是重要指标，应该纳入国家分类系统。可是还需要补充一些其他指标，例如对技术发展的评估和国家工业基地的数字化水平。

> 21世纪，超过20个国家的主要战略威胁是实际的自然人口下降。这一战略威胁将继续长期成为现实甚至加剧。遗憾的是，俄罗斯也属于人口自然减少的国家。在大多数政策文件中忽略这一趋势使得即使以移民流入为代价也无法弥补。无论是在国家层面还是在俄罗斯未来区域方案中。
>
> ——弗拉基米尔·昆特

国家或区域经济技术成熟度指数化

对现代技术生产部门的作用和国家经济数字化水平的评估为分析国民经济的技术发展提供了充分的基础。笔者提出的分类包括六个高科技生产行业，反映在"高科技产品的份额"指标中：机械设备；办公和计算机设备；电气设备；无线电、电视和电信设备；医疗和光学设备；汽车、拖车和半拖车。这六个都是知识密集型行

The Concept of Strategizing
战 略 规 划 概 观

业，因此需要一定的技术和数字化水平，以实现地区和国家的发展。在这六个行业中，科技含量最高的行业是生产无线电、电视和电信设备的行业。

从逻辑上来说，技术和数字化发展水平较高的经济体在这些高科技和数字化产业中将在总增加值中占很大比重。

在 21 世纪的前 30 年，信息技术朝着整合以前独立的技术和信息——电信创新的方向发展，导致新兴工业部门出现并快速发展，过去没有类似行业的制造业出现（如 3D 打印、人工智能等）。因此，它们也将获得新的性质并改变 21 世纪经济的技术组成。工业 4.0 正在兴起，它正在改变未来经济发展的轮廓以及提高国家、地区和企业的竞争力。

技术发达的经济体，例如美国、日本、德国、芬兰、法国、韩国和以色列等，在这一重要的战略指标方面处于领先地位，正是因为这些国家自主开发的技术占比高。

在属于新兴市场但已经是欧盟成员国的国家中，有必要特别提到匈牙利。匈牙利多年来一直致力于信息和通信技术的发展。就这些技术占生产中使用的技术总量的份额而言，匈牙利在东欧的新兴市场国家中领先于其他国家——波兰、捷克共和国甚至俄罗斯。[①]

在匈牙利，人均信息通信技术产量为80万美元，而欧盟的人均生产产量合计为60万美元。[②]匈牙利是一个相对较小的国家，人口约1000万人，电信设备占世界出口的2.4%，这个国家在电视接收器领域占全球出口份额的2.2%。[③]匈牙利在这一行业取得了令人瞩目的成就，其原因是始终如一的国家技术战略、有效的空间战略，以及集中的区域性生产设施，加之邻近其他欧洲国家。匈牙利有世界领先的外国投资公司，如Tungsra和Videoton。

将纳米技术、膜技术、新能源开发技术及其数字化的投资和使用以及发展大型产业等作为国民经济战略发展的技术水平的指标，具有根本的重要性。争夺这一革命性行业领先地位的国家已做出战略决策，对与纳米技术和数字化有关的项目进行投资。在不同国家进一步实施创新策略，意味着为战略制定者提供更多开放的可靠

> 在任何新兴市场民主国家，为了使政治体制具有生命力，其基本战略概念应反映人们的基本需求。
> ——弗拉基米尔·昆特

[①] Sass M. The ICT Manufacturing Sector in Hungary. Budapesht: Institute of Economics of theHungarian Academy of Sciences and ICEG European Center. 2003. URL: http://www.ifri.org/files/Economie/Elargissement_Sass.pdf（Retrieved March 27, 2008 from）.
[②] 同上。
[③] 同上。

The Concept of Strategizing
战 略 规 划 概 观

的统计信息,这将使战略家们可以比较在这条全新的高速公路上比赛的初步结果。比如全球期货研究所(Institute for Global Futures)的首席执行官詹姆斯·坎顿(James Canton)博士认为:

"纳米技术可以成为空前的大型战略功能体系的基础,而这可能需要社会各个阶层的协调,使其成为一支足以使一个更有生产力的社会运作的力量。这是一项快速发展的技术。未来纳米技术可能提高国家、组织和整个行业的可持续性和繁荣程度。作为一个国家,我们应该主要关心的是为今天进行规划,以便充分应对未来一定会出现的挑战。"[1]

评估一个国家、地区或企业的技术发展水平的其他方法包括分析全国范围内新能源的使用和生产情况,例如乙醇、生物乙醇、丁醇和符合21世纪安全的核电工业。同时,有许多技术上更为先进的国家和企业开发和生产用于满足民用和非军事需要的核技术,包括阿尔及利亚、埃及、印度尼西亚、南非等新兴市场国家。全世界有许多独立机构参与战略核计划的监测,例如,斯德哥尔摩研究所(Stockholm International Peace Research Institute)。

---

[1] Canton J. The Strategic Impact of Nanotechnology on the Future of Business and Economics. National Science Foundation. 2001. URL: http://www.futureguru.com/article17.php (Retrieved April 11, 2008 from).

评估一个国家或企业是否有能力以其核计划威胁国际社会的最好方法是监测其与国际原子能机构 IAEA 的互动程度以及参与《不扩散核武器条约》的活动情况。值得赞扬的是哈萨克斯坦领导人,他们自愿将所有核武器移交给俄罗斯。这一步证明了哈萨克斯坦原子能计划的纯和平发展特征。

国家和区域环境保护系统评估

在新的环境导向思维中,除了分析经济、产业结构和技术发展水平之外,综合评估国家或地区发展水平的另一个重要要素,是国家或地区对环境保护的态度。这项评估的最佳信息来源之一是环境可持续性指数(Environmental Sustainability Index),由耶鲁大学环境法与政策中心(Yale Center for Environmental Law and Policy)、哥伦比亚大学国际地球科学信息网络中心(Center for International Earth Science Information Network of Columbia University)、世界经济论坛(World Economic Forum)和欧盟委员会联合研究中心(Joint Research Centre of the European Commission)联合提供。

该指数基于对五个主要组成部分的分析:环境保护系统,降低对环境的压力,减少对人类、社会和工业机会的负面影响,减少负面影响和参与全球范围内的环境

The Concept of Strategizing
战 略 规 划 概 观

保护计划的情况[1],根据该指数,北欧国家提供了最可持续的环境战略。国家在该指数中的排名在很大程度上决定了其发展水平,在建立国家分类系统时,应始终在战略分析中使用该指数(或类似指标)。关于国家环境保护战略的质量水平和重要性的另一个指标是与环境保护有关的税收收入在一个国家或地区税收总体结构中所占的份额。

经济合作与发展组织(OECD)已经进行了类似的研究。然而,该组织所使用的方法并不全面,其研究的结果无法充分说明国家环境保护计划的质量。

国家或地区的技术、经济和社会实力综合排名

国家和整体空间分类系统发展中最困难的一个方面是形成综合多个不同指标的评级。综合评级使战略家能够快速或初步评估国家并比较几组国家或地区的政治、经济和技术发展水平,并制定投资程序和风险管理的系数。60多年来,对于经济学家、数学家和战略家而言,基于几个综合因素为国家和地区开发综合评级系统一直是一项挑战。然而,他们从未开发和使

---

[1] Esty D. C., Levy M. A., Kim C. H. [et al.] 2008 Environmental Performance Measurement Project. New Haven: Yale Center for Environmental Law and Policy. 2008. Also available at http://www.yale.edu/esi/ (Retrieved November 3, 2019 from).

用真正复杂的方法。

最著名的尝试是60年前由斯坦福大学（Stanford University）经济学教授贝内特（Merrill Kelley Bennett）[1]开发的基于国民消费水平的方法。

但是，贝内特方法有几个缺点，最明显的是无法准确评估发展差异很大的国家。该方法的本质为：最佳指标除以最差的指标。例如，如果最佳指标是1，而最差指标是50，则将1除以50。这种方法仅适用于对世界上最发达或最不发达的国家或地区进行评估和排名（在所属类别中），例如，在美国、丹麦、斯里兰卡和萨尔瓦多等国家中，基于人均GDP估算的国家分类可能是不可靠的，原因是由于国家指标的巨大波动会导致相对系数（relative ratio）的不平衡。

应用贝内特的方法会出现此问题，这是因为它在特定国家指标的指数中使用了算法总和，在该指数中，各个指标是相对于彼此计算的。通常，贝内特的方法代表以下算法，该算法已利用分类器对战略进行了一

> 本书的目标之一是表明，在这些国际组织中，国家和区域的战略分类系统和短期分类系统关联性缺乏或不充分。对于做出重要而长期的战略决策的战略家、领导者和高管而言，国际组织成为极其不可靠的参考信息来源。
> ——弗拉基米尔·昆特

---

[1] Bennett M. K. International Disparities in Consumption Levels. American Economic Review. September 1951. Vol. 41. No. 4. P. 632.

The Concept of Strategizing
战 略 规 划 概 观

些修改:

$$P = \sum_{k=1}^{N} P_k \cdot W_k,$$

其中:

P 为综合指标,P_k 为以下五个特定指标之一,W_k 为指标 Pk 的权重(即重要性),N 为指标的总数(在这种情况下,有五个指标)。

W_k 定义为表 1 中五个指标中每个指标的相对权重。贝内特教授本人从未使用过这些指标,但本书为满足战略家和经济学家的实际需要提供了这些指标。

表 1　综合指标及其相对重要性

指　标	相对重要性
现代工业指数	1.0
知识经济指数	1.0
服务业指数	0.7
经济自由指数	0.7
人均 GDP	2.0

2008, Dr. Vladimir L. Kvint

国家按照 P 降序排列。表 2 中列出了这种编制国家排名的方法。

通过用乘法算法（昆特算法①）的功能补充总数算法，可以避免贝内特方法的局限。

$$\hat{P} = 1000 \cdot \prod_{k=1}^{N} P_k^{W_k},$$

其中：

$\hat{P}$ 为乘法算法的结果，系数1000包含在算法中只是为了避免不必要的有多位小数的数字。

表2　技术、经济和社会发展综合国家排名（前50）

（昆特综合国家排名）

国家排名	国　家	贝内特算法	昆特算法	两种算法平均值
1	瑞典	1	1	1
2	丹麦	6	2	4
3	美国	4	4	4
4	芬兰	8	3	5.5
5	挪威	7	5	6
6	日本	9	8	8.5

---

① 在 Veniamin N. Livchits 和 Peter L. Vilenskiy 的帮助下对此算法进行了改进。

续表

7	加拿大	11	9	10
8	荷兰	13	7	10
9	爱尔兰	5	16	10.5
10	澳大利亚	10	13	11.5
11	德国	12	11	11.5
12	英国	16	10	13
13	匈牙利	15	12	13.5
14	卢森堡	3	24	13.5
15	法国	14	15	14.5
16	奥地利	17	14	15.5
17	土耳其	27	6	16.5
18	比利时	18	18	18
19	韩国	19	17	18
20	新加坡	2	34	18
21	新西兰	22	19	20.5
22	意大利	21	21	21
23	西班牙	20	23	21.5
24	捷克	23	20	21.5
25	葡萄牙	24	22	23
26	马来西亚	28	25	26.5
27	爱沙尼亚	26	30	28
28	波兰	30	26	28
29	墨西哥	29	28	28.5

附 录

续表

30	立陶宛	31	27	29
31	希腊	25	36	30.5
32	保加利亚	33	29	31
33	南非	32	31	31.5
34	巴西	35	33	34
35	罗马尼亚	36	32	34
36	克罗地亚	34	35	34.5
37	阿根廷	37	39	38
38	印度	38	38	38
39	亚美尼亚	42	37	39.5
40	约旦	41	41	41
41	哥伦比亚	43	43	42.5
42	埃及	45	40	42.5
43	马耳他	39	50	44.5
44	塞浦路斯	40	50	45
45	秘鲁	44	47	45.5
46	印度尼西亚	50	43	46.5
47	摩洛哥	47	47	45.5
48	斯里兰卡	48	46	47
49	阿尔及利亚	49	45	47
50	萨尔瓦多	46	48	47

注意：在编制此表时，由于缺乏所需国际组织统计信息，未考虑中国和俄罗斯（弗拉基米尔·昆特注）

The Concept of Strategizing
战 略 规 划 概 观

　　通过综合使用这两个数学模型，分析反映技术和社会经济发展水平的五个关键指标（见表1），本书提出了一个更全面的国家排名系统。乘法算法根据战略重要性使用相同的指标及其相对权重。这些指标的数据来自50个经济成熟度不同的国家（地区）。在这些指标中，只有现代工业指数（Modern-Tex Manufacturing Index），是通过联合国工业发展组织（United Nations Industrial Development Organization, UNIDO）数据库获得的，是我为《全球新兴市场：战略管理与经济学》一书特别开发的。遗憾的是，对世界上大多数国家（地区），要获得有关算法模型中使用的指标的任何可靠且完整的统计数据都是一项艰巨的任务。

　　一些国家尤其是地方政府没有为国际组织提供必要的信息，因此，表2中未包括俄罗斯等具有战略意义的国家。有关知识经济和服务业发展和人均GDP指数的信息基本来源于公开的信息：美国中央情报局世界概况、《华尔街日报》（*Wall Street Journal*）和美国传统基金会（Heritage Foundation）制定的经济自由指数（Index of Economic Freedom）。然而，应该指出的是，经济自由评估和评级是一个非常有争议的问题，特别是有关一些国家在这个评级中的排名。例如，很难解释对亚美尼亚经济自由度的评分比法国高28分、比冰岛高8分，亚美尼亚和格鲁吉亚这些国家甚至不可能超过匈牙利或斯洛文尼亚的评分（甚至是30分）。亚美尼亚的得分比意大利（欧盟成员国）高51分、比阿塞拜疆高56分，这也很难给出合理的解释。另外，对于法国（在经济自由方面）的排名低于阿曼和科威特，也存在很大的疑问。

> 如果在战略家或对所分析的国家或地区不熟悉或陌生的情况下，对结论和拟议的战略方案应格外谨慎。
>
> 这对于分析现代工业领域中跨国投资潜力的机构而言极为重要。
>
> ——弗拉基米尔·昆特

由于有争议，所以经济自由指数评级，在本书中不被用作有关经济自由信息的唯一来源。

根据以上两种方法的平均值得出国家评级，对于获得相同平均评分的国家则根据对其环境保护活动的评估而给出排名。通过两种不同的算法获得的结果的准确性和接近性可能令人惊讶。比如根据在这两个算法中获得的估计值，有六个国家（瑞典、美国、意大利、比利时、印度、约旦）的综合指标非常接近。通常，小国在昆特算法和贝内特算法的计算结果中存在很大差异。例如，新加坡的差异是32点，卢森堡的差异是21点，爱尔兰和马耳他的差异都是11点。这可以通过以下事实来解释：在小国和经济薄弱地区很少有技术创新，这会显著影响这些国家和地区经济系统的效率。这也说明了以下事实：对于所有这些差异，昆特算法得出的结果明显优于贝内特算法的结果。

The Concept of Strategizing
战 略 规 划 概 观

技术、经济和社会发展综合国家排名（The Synthesized Country Rating of Technological, Economic and Social Advancement）在建立国家或地区分类系统以及实现其他一些战略目标方面非常必要。

对于那些尚未达到知识经济水平，但希望从科技发展水平较高的其他国家的投资和外包中受益的国家或地区的公司，该评分也可能有用。21世纪的全球市场空间给战略家和高层管理人员在评估新兴市场的投资风险时提出了新的课题，根据技术特征，该风险可能高于对发达国家的投资风险。一个新的趋势——来自新兴市场的的外国直接投资（FDI）正进入发达国家的知识密集型产业。这是一种根本上的新型外包。与外包现象的发展初期相反，当时发达国家的公司为了降低生产成本和服务成本，在新兴市场国家中进行了外包，后来新兴市场国家的公司开始吸引外部资源和人才用于在发达国家的知识密集型产业，因为它能更便宜而且最重要的是更快地发展国内的工业。整个全球市场空间的公司领导者都需要新的国家评级标准和系统以正确反映新的经济现实。

评估国际商业基础设施

综合国家分类系统应以对国民经济、政治、社会、技术发展水平的评估为基础,并考虑到国际化程度。对于那些战略上着重于在国外开展业务的公司,该分类系统应补充上对具有投资或商业利益的外国的商业基础设施的评估。对外国商业基础设施的评估将使公司对如何在未经研究或了解程度不高的业务环境中运作有一个想法。除了分析基本经济因素中的投资者战略利益外,为了在另一个国家取得成功,它们通常需要可靠的投资银行,商业银行,保险公司,审计、会计师和律师事务所。没有这些公司和机构,在不甚了解的环境中进行运营管理,尤其是战略发展,实际上是不可能的。

公司首次进入新的国外市场时,需要开设银行账户,以配置活动现金、启动资金或注册资本。最安全的方法是在已知或公认的银行或此类银行的分行开户,尤其是在新兴市场国家。找到这样一家银行的营业部是公司财务部门进入另一个国家市场时应采取的第一步措施。许多知名的国际银行常用的做法是与本地银行合作建立联合银行,而不是开设自己的分支机构。最糟糕的情况是没有可靠的银行在国外设立的分支机构。在21世纪的前十年中,这可以在阿尔巴尼亚观察到。2007年,该国没有一家主要的外资银行。但2008年,阿尔巴尼亚美洲银行(American Bank of Albania)成立了,尽管叫这个名字,但它并没有从美国银行得到1美元。但是该银行的

The Concept of Strategizing
战 略 规 划 概 观

部分股份已经被阿尔巴尼亚—美国企业基金（Albanian-American Enterprise Fund）拥有，这是在美国政府支持下成立的一家私人银行。

这仍然比没有好，大多数外国投资者开始在阿尔巴尼亚以及同样没有主要国际银行代表的科索沃谨慎地开设账户。外国公司还需要为启动投资筹集资金。为了在新兴市场国家和发展中国家中做到这一点，最好对企业进行政治风险保险。当国际保险和再保险公司在该国设有代表处时，获得必要的保险更加容易。在美国最好、最大的从事政治风险保险的上市公司是美国国际集团（AIG）。如果 AIG 在任何国家都设有分支机构和（或）子公司，则可以假定 AIG 公司中的决策者充分了解该国家的情况，并能就政治风险做出迅速且可靠的决定。其他国家的公司应为处理不熟悉的法律、法规和细则做好准备。

大型国际律师事务所的存在对于在国外解决经常遇到的未知和无法预见的法律困难非常有用。公司从制定进入战略到日常活动的开展都需要法律咨询和支持。Baker & McKenzie、White & Case LLP 以及 Skadden, Arps, State, Meagher & Flom LLP 和 Clifford Chance 等律师事务所的存在是该国商业状况的积极指标。

它们的存在对在国外经营的发达国家公司成功发展合资企业，战略联盟或制定公司分支机构的章程至关重要。这些全球化的律师事务所面临着自己的战略挑战，例如支持其办事处在全球的存在、有能力适应当地法律并同时在不同的市场有效运行。

任何在国外的收购，参与国有企业的私有化或合并或收购都需要可靠的审计和会计公司的参与，这些公司可以检查收购企业的所有财务报表。通常，工业公司依靠所谓的"四大"公司的分支机构存在，包括普华永道会计师事务所（Pricewaterhouse Coopers）、德勤会计师事务所（Deloitte Touche Tomatsu）、安永会计师事务所（Ernst & Young）和毕马威会计师事务所（KPMG）。它们在新兴市场国家中是目前世界最大的会计和审计公司。当公司收购另一个国家的企业时，尤其是在新兴市场国家，所有者提交由不知名公司准备的审计报告，买方不仅必须对其感兴趣的公司进行尽职调查（due diligence），而且也要对其不熟悉的审计公司进行调查。因此，"四大"在新兴市场国家尤其成功。

在全球国际化格局对新兴市场国家产生了30年的影响之后，其中一些已经拥有了可以与发达国家竞争的商业基础设施。尽管国际商业基础设施指数（Index of International Business Infrastructure）前10名中仅有2个新兴市场国家的代表（中国和巴西），但在前30名中，新兴市场国家已经超过一半。其中，每个国家都有大量

The Concept of Strategizing
战 略 规 划 概 观

提供商业服务的公司。在新兴市场国家中，蒙古是最后一个进入市场的国家。直到 2010 年才有第一批知名商业银行，审计、会计师或律师事务所进入。在 68 个发展中国家中，只有 4 个国家没有任何重要的国际商业银行，保险，审计、会计师或律师事务所的代表处。在 22 个不发达国家中，有 10 个无法提供此类服务。这些事实上证明了笔者提出的国家分类系统的实用性。该系统显示出的结果类似于对国际专业公司，商业领域专业服务的存在性进行评估的结果。从战略角度看，新兴市场国家、发达国家、发展中国家和不发达国家之间的差异问题非常严重，应始终予以关注和分析。

> 问：弗拉基米尔·昆特教授的书籍在哪些国家和地区出版过？
>
> 答：我的书籍已在俄罗斯、澳大利亚、阿尔巴尼亚、英国、加拿大、蒙古、波兰、乌兹别克斯坦、斯洛文尼亚、美国出版。2009 年出版的《全球新兴市场：战略管理与经济学》有 10 个版本。《全球市场战略：理论与应用》一书于 2015 年同一时间在英国和美国首次出版，已经有 12 个版本。
>
> ——摘自《战略解密》// 莫斯科大学，2019 年第 8 期

弗拉基米尔·昆特的主要著作

The Concept of Strategizing
战 略 规 划 概 观

部分著作

1.《加快生产技术开发》,莫斯科:世界知识出版社,1976 年出版。

2.《科技进步与克拉斯诺亚尔斯克地区的经济》(与他人合著),克拉斯诺亚尔斯克:克拉斯诺亚尔斯克书籍出版社,1979 年出版。

3.《自动化系统的实施和运行:区域经济方面》,莫斯科:世界知识出版社,1981 年出版。

4.《克拉斯诺亚尔斯克实验》(与他人合著),莫斯科:苏维埃俄罗斯出版社,1982 年出版。

5.《我们上方是北极星》,莫斯科:苏维埃俄罗斯出版社,1984 年出版。

6.《科技进步管理:区域方面》,莫斯科:科学出版社,1986 年出版。

7.《达吉斯坦的经济和科技发展》(与他人合著),马哈奇卡拉:达吉斯坦图书出版社,1988 年出版。

8.《苏联国家间的关系》,华沙:华沙大学出版社,1988 年出版。

9.《新俄罗斯的资本化》,纽约:拱廊出版社,1993 年出版。

10.《投资新兴市场》(章节作者),伦敦:D,RI/

麦格劳-希尔出版公司，1996年出版。

11.《投资和贸易百科全书》，纽约：约翰·威利父子出版公司，1998年出版。

12.《转型中的全球新兴市场》（精装本），纽约：福特汉姆大学出版社，1999年出版。

13.《转型中的全球新兴市场》（平装本），纽约：福特汉姆大学出版社，2000年出版。

14.《国际并购，合资企业》（章节作者），纽约、新加坡、多伦多：约翰·威利父子出版公司，1998—2002年出版。

15.《在大火下投资：制胜战略》，普林斯顿：彭博出版社，2003年出版。

16.《全球新兴市场转型》（第二版），纽约：福特汉姆大学出版社，2004年出版。

17.《全球新兴市场：战略管理与经济学》，纽约、伦敦：劳特利奇出版社，2009年出版。

18.《全球新兴市场中的战略管理与经济学》（修订版），莫斯科：预算出版社，2012年出版。

19.《现代世界中的战略规划》，圣彼得堡：俄罗斯国民经济与公共管理学院西北管理学院，2014年出版。

20.《战略的大纲》，莫斯科：星火-土地出版社，2009年出版。

21.《商业和战略管理》，圣彼得堡：圣彼得堡工会人文大学，2010 年出版。

22.《全球市场战略：理论与应用》，纽约、伦敦：劳特利奇出版社，2015 年出版。

23.《恐怖主义和极端主义：对经济的战略性负面影响》，圣彼得堡：俄罗斯国民经济与公共管理学院西北管理学院，2016 年出版。

24.《俄罗斯远东地区可持续发展的战略重点》（与他人合著），纽约：苹果学术出版社，2016 年出版。

25.《战略理论与实践》，科佩尔：Primorska 大学出版社，2017 年出版。

26.《战略理论的起源：纪念约米尼将军理论著作发表 200 周年》，圣彼得堡：俄罗斯国民经济与公共管理学院西北管理学院，2017 年出版。

27.《关于战略理论的起源：了解 200 年后的约米尼将军的智慧》，卢布林：TEKST 出版社，2018 年出版。

28.《战略规划的理论和实践》，塔什干：塔什维尔，2018 年出版。

29.《战略的理论和方法基础》，华沙：波兹南出版社，2019 年出版。

30.《战略制定的理论与实践（实用手册）》，地拉那：公共政策与善政研究所，2019 年出版。

31.《战略发展概念》,乌兰巴托:蒙古科技大学,2019 年出版。

32.《战略规划概观》,圣彼得堡:俄罗斯国民经济与公共管理学院西北管理学院,2019 年出版。

2019 年 11 月 11 日,"经济学家日" 俄罗斯经济会议隆重公布全俄最高级别公共奖项"2019年度经济学家"和"2019年度经济图书"的获胜者,后者是由俄罗斯自由经济学会和国际经济学家联盟建立的,目的是评选出最好的经济学出版物并鼓励它们的作者。2019 年有 83 种出版物申请获得该奖项。 弗拉基米尔·昆特的专著《战略规划概观》是获奖图书之一。图为获奖证书

The Concept of Strategizing
战 略 规 划 概 观

部分封面

《加快生产技术开发》（1976 年）

《科技进步与克拉斯诺亚尔斯克地区的经济》（1979 年）

附 录

《自动化系统的实施和运动:
区域经济方面》(1981年)

《克拉斯诺亚尔斯克地区的实验》
(1982年)

The Concept of Strategizing
战 略 规 划 概 观

《我们上方是北极星》（1984年）

《科技进步管理：区域方面》（1986年）

附 录

《企业·行业·地区：经济、科学和技术信息》（与他人合著，1987年）

《企业·行业·地区：经济、科学和技术信息》（与他人合著，1987年）

The Concept of Strategizing
战 略 规 划 概 观

《达吉斯坦的经济和科技发展》（1988 年）

《新俄罗斯的资本化》（1993 年）

附 录

《转型中的全球新兴市场》（1999年）

《国际并购，合资企业》（2002年）

The Concept of Strategizing
战 略 规 划 概 观

《在大火下投资：制胜战略》（2003 年）

《全球新兴市场中的战略管理与经济学》（2012 年）

附 录

《现代世界中的战略规划》(2014年)

《全球市场的战略：理论与应用》(2015年)

The Concept of Strategizing
战 略 规 划 概 观

《全球市场战略：理论与应用》（2015 年）

大学学报封面（2015 年）

附 录

《恐怖主义和极端主义：对经济的战略性负面影响》（2016年）

《俄罗斯远东地区可持续发展的战略重点》（2016年）

The Concept of Strategizing
战 略 规 划 概 观

《战略理论的起源：纪念约米尼将军理论著作发表 200 周年》（2017 年）

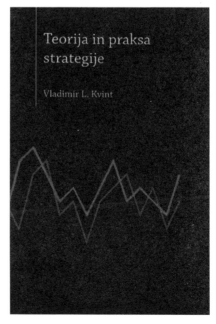

《战略理论与实践》（2017 年）

附 录

《战略规划的理论和实践》（2018年）

《科学参考》（2018年）

The Concept of Strategizing
战　略　规　划　概　观

《展望未来的研究：先知、预言家、领袖和战略家》（2018年）

专家对弗拉基米尔·昆特著作的点评

在我看来,弗拉基米尔·昆特是一位思想家。他的非凡著作《全球新兴市场中的战略管理与经济学》是汇聚了 20 世纪最佳战略思想的宝库,它展示了过去和现在的丰富经验,图解、说明并证实了作者对全世界经济活力的看法。具体而言,昆特提出了创造性思维在形成成功经济的过程中的作用。这本书将成为研究新兴市场的经济学家的灵感来源。

正如昆特所解释的那样,战略家们正在努力寻找新的前景并为未未来规划新的方案。

对于那些想了解现代经济过程的人来说,他的书深刻而实用,是必读书。

The Concept of Strategizing
战 略 规 划 概 观

提供良好生活的经济是正确的模式。资源的最佳配置（效率是其组成部分）是经济发展的必要但不充分的特征（请参阅我的著作《大众繁荣》）。

在这里，我不同意许多经济学家——包括与我亲爱的朋友约瑟夫·斯蒂格利茨，让·保罗·菲图西和弗拉基米尔·昆特的观点——即生活质量是首选参数。

生活质量基本上意味着充足的消费和足够的休闲以及干净的空气，安全的食品、街道以及市政设施（如市政公园和运动场）。这是可以追溯到上古的"完美"的扩展版本。我不反对这些服务，也不反对提供这些服务的国家，但是它们并不适合哲学家的"美好生活"概念。亚里士多德开玩笑地说，我们需要这些服务才能在第二天再次开始工作。

——2006年诺贝尔经济学奖获得者埃德蒙·菲尔普斯（Edmund Phelps）

弗拉基米尔·昆特的新书《全球新兴市场中的战略管理与经济学》提供了非常准确又全面的关于企业领导者在新兴市场开展业务时需要考虑的战略要务的新的见解。在现代世界中"进入其余部分"的经济和商业后果仍然研究不足，需要更全面的理解：昆特的观点和分析代表了朝着这个方向迈出的明确的一步，

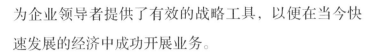

为企业领导者提供了有效的战略工具,以便在当今快速发展的经济中成功开展业务。

——全球城市发展传播思科系统总监尼古拉·V.（Nikolay V.）

本书（《全球新兴市场中的战略管理与经济学》）引人入胜,内容详尽而及时。它涵盖了大量资料,为寻求实现战略影响力和商业成功的学生提供了在至关重要且面临复杂挑战的领域关键而又深刻的见解。这本书为读者提供了对过去25年全球新兴市场的发展方式和原因的清晰认识,还包括经验丰富的战略规划从业人员对未来几年前瞻事件战略策划的合理建议。

弗拉基米尔·昆特拥有45年探索全球市场的经验,作为学生、教师以及跨部门和地区的积极顾问,他发展了一个充满智慧而强大的商业战略理论,并提出了实践路线图,如果遵循它,将会取得长期的成功。

——美国宾夕法尼亚州匹兹堡大学格林斯堡分校（University of Pittsburgh at Greensburg）校长莎朗·史密斯（Sharon Smith）

昆特清晰地阐释了商业战略和全球市场环境。本书（《全球新兴市场中的战略管理与经济学》）出版得非常及时，也非常适合战略实施的执行者以及商务、经济、金融或国际关系专业的研究生。战略实践者及他们的公司将从这 164 个完美的概念解释中获得巨大的洞察力。

——美国拉萨尔大学（La Salle University）职业和继续教育学院院长、教授约瑟夫·乌格拉斯（Joseph Ugrass）

为什么我相信弗拉基米尔·昆特的建议对我们具有特殊的实用价值？昆特院士是西伯利亚人，还在苏联时代，他就开始研究区域发展问题，带领苏联科学院进行了许多经济考察。1986年，他出版了专著《科技进步管理：区域方面》，这就是他的新兴市场理论开始形成的方式。这一理论使弗拉基米尔·昆特享誉全球，获得了许多奖项、荣誉和头衔。但是昆特院士不仅仅是理论家，他还有丰富的实践经验。因此，让我们听听他的建议。

昆特教授对经济学的见解以其独创性和有效前瞻性而著称，这对进一步的发现提出了挑战。

他基于深入的智力分析和多年的经验，对新兴市场进行了评估，同时以易于理解和实用的类别来表达，反映出他充满活力的个性。对于我们当中那些在全球开展业务的人来说，这本书（《全球新兴市场中的战略管理与经济学》）具有重要的价值。

本书既介绍了全球新兴市场的广泛经济历史，也在全球经济和决定其未来命运的力量的背景下对各个国家的当前状态进行了详尽的分析。我以前从未见过在一本集成文本中对有关新兴市场提供了如此广泛的信息。但这并不奇怪，因为昆特博士是国际公认的新兴市场专家。本书在可预见的未来应该成为该主题的定义性著作。

——美国福特汉姆大学（Fordham University）管理系统系主任、教授罗伯特·沃顿（Robert Wortor）

《2030年圣彼得堡经济和社会发展的基础战略》是弗拉基米尔·昆特的深刻思想和研究成果。这份基础性文件在市政活动中团结了所有彼得斯堡人努力发展俄罗斯北部首都，实现最重要的目标和优先事项，改善人们的生活质量。

——俄罗斯圣彼得堡市市长G. S.波尔塔夫琴科（G. S. Poltavchenko）

The Concept of Strategizing
战 略 规 划 概 观

弗拉基米尔·昆特部分社会活动留影

The Concept of Strategizing
战 略 规 划 概 观

弗拉基米尔·昆特（右）与院士阿贝尔·阿甘贝格扬（Aganbegyan）沿着北海路线探险。图为1980年在俄罗斯楚科奇比利比诺核电站

2004—2013年，弗拉基米尔·昆特（右）多次与纽约市市长迈克尔·彭博（Michael Bloomberg）交谈

附 录

弗拉基米尔·昆特（中）在2006年9月8日举行的会议上与苏联英雄瓦伦蒂娜·捷列什科娃（Valentina Tereshkova，右）、亨里希·瓦西里耶维奇·诺沃日洛夫（Novozhilov，左）合影

2006年10月，弗拉基米尔·昆特（前）在俄罗斯圣彼得堡致辞（后排左为俄罗斯联邦副外长卡拉辛，右为俄罗斯联邦外长拉夫罗夫）

The Concept of Strategizing
战 略 规 划 概 观

2006年11月4日，弗拉基米尔·昆特（右一）在克里姆林宫举行的招待会上

2007年10月12日，世界最大的冶金集团创始人、所有者兼总裁拉克希米·米塔尔（Lakshmi Mittal）在招待会上向弗拉基米尔·昆特反复咨询。图为弗拉基米尔·昆特（左）与米塔尔夫妇在纽约合影

附 录

2007年10月22日,莫斯科市市长尤里·卢日科夫(Yuri Luzhkov,右)授予弗拉基米尔·昆特城市奖,"感谢昆特对莫斯科发展做出的贡献"

2009年2月5日,弗雷泽·霍里森(Fraser Hollison)爵士和弗拉基米尔·昆特(左)在纽约联合国总部举行的新书首发式上

The Concept of Strategizing
战 略 规 划 概 观

2009年10月5日,弗拉基米尔·昆特在伦敦经济学院发表关于全球新兴市场的理论与前景的公开演讲

2010年9月23日,弗拉基米尔·昆特(左)在纽约举行的全球领袖创意峰会上致辞

附 录

2011年10月11日,诺贝尔物理学奖获得者若列斯·阿尔费罗夫（Zhores Alferov,右）、诺贝尔经济学奖获得者埃德蒙·菲尔普斯（中）与弗拉基米尔·昆特在圣彼得堡学术会议上

2011年12月22日,土耳其大国民议会副主席加利普·德米雷尔（Demirel,左）授予弗拉基米尔·昆特土耳其图尔古特·厄扎尔大学奖

The Concept of Strategizing
战 略 规 划 概 观

2012年3月,弗拉基米尔·昆特(左)与
亨利·基辛格(Henry Kissinger)在纽约

2013年10月9日,弗拉基米尔·昆特(右)在斯德哥尔摩参加工业经济
学研究所关于发展战略中反映生活质量和价值观的小组讨论

附 录

2013 年 12 月 18 日，弗拉基米尔·昆特（中）在俄罗斯联邦区域发展部长磋商会议上

2014 年 9 月，弗拉基米尔·昆特（中）在圣彼得堡举行的经济委员会会议上

The Concept of Strategizing
战 略 规 划 概 观

2014年11月6日，弗拉基米尔·昆特（右）在美国纽约举办的第十二届"个性的未来"年度会议期间与2002诺贝尔经济学奖获得者丹尼尔·卡尼曼（Danniel Kahneman）和埃德蒙·菲尔普斯交谈

2015年10月19日，弗拉基米尔·昆特（左）在纽约向埃德蒙·菲尔普斯、美国国家科学院经济学部负责人何塞·申克曼（Jose Shenkman，中）博士介绍《全球市场战略：理论与应用》

附 录

2015年10月,弗拉基米尔·昆特(左)与埃德蒙·菲尔普斯在纽约哥伦比亚大学

2015年11月27日,弗拉基米尔·昆特(右一)与莫斯科国立大学校长维克多·萨多夫尼奇(Victor Sadovnichiy,左二)及另两位院士在莫斯科国立大学基础图书馆的白色大厅介绍《全球市场策略:理论与应用》

The Concept of Strategizing
战 略 规 划 概 观

2015 年，弗拉基米尔·昆特（左）与奥运会冠军得主、俄罗斯体育部长维亚切斯拉夫·费迪索夫（Vyacheslav Fetisov）在俄罗斯联邦体育文化和运动专家委员会会议上

2016 年 3 月 28 日，弗拉基米尔·昆特（左一）担任在联合国总部举行的"丝绸之路沿线的协同作用·战略 -2030"高级别研讨会的主持人

2017年5月19,弗拉基米尔·昆特(左一)在圣彼得堡介绍《战略理论的起源:纪念约米尼将军理论著作发表200周年》

2017年7月20日,斯洛文尼亚滨海边疆大学授予弗拉基米尔·昆特(前)名誉博士学位

The Concept of Strategizing
战 略 规 划 概 观

2017年，弗拉基米尔·昆特（中）在斯洛文尼亚 Primorska 大学

2017年9月，弗拉基米尔·昆特成为圣彼得堡第622中学的科学导师和年轻战略家学校的校长。图为2017年10月17日，昆特院士参加在该校举办的独家项目"英雄扶手椅"并与该校校长及俄罗斯国民经济与公共管理学院西北管理学院有关专家合影

附 录

2018年5月18日,弗拉基米尔·昆特在圣彼得堡第622重点中学参加首届年轻战略家学院毕业典礼

2018年5月,弗拉基米尔·昆特在纽约证券交易所

The Concept of Strategizing
战 略 规 划 概 观

2018年6月6日,弗拉基米尔·昆特(中)主持国家杜马体育、运动、旅游和青年事务委员会专家组会议

2018年9月26日,弗拉基米尔·昆特在俄罗斯联邦议会全体会议上做题为"俄罗斯国家和地区战略的制定与实施问题"的报告

附 录

2018年9月,弗拉基米尔·昆特在波兰语版《战略理论的起源:约米尼将军理论著作发表200周年》发布会上

2018年12月10日,弗拉基米尔·昆特在俄罗斯国家研究技术大学(莫斯科钢铁合金学院)发表主题为"战略作为一门新科学的形成"的演讲

The Concept of Strategizing
战 略 规 划 概 观

2019 年 1 月 25 日，弗拉基米尔·昆特因其 "战略理论和战略方法论" 等系列工作获得"罗蒙诺索夫"一级科学奖。图为在莫斯科国立大学举行的颁奖典礼和获奖证书

附 录

2019年3月20日，弗拉基米尔·昆特（右）和侄子、出色的小提琴家菲利普·昆特（Philip Kvint）一起

2019年4月8—9日，弗拉基米尔·昆特（右二）在波兰克拉科夫参加第五届欧洲地方自治大会

The Concept of Strategizing
战 略 规 划 概 观

2019年5月15日,弗拉基米尔·昆特(右)与诺贝尔经济学奖获得者让·马塞尔·梯若尔(Jean Marcel Tirole)在莫斯科

2019年5月,弗拉基米尔·昆特在乌兹别克斯坦塔什干杰出科学家街心花园弗拉基米尔·昆特纪念树旁

附 录

2019年5月,弗拉基米尔·昆特参加上海大学主办的"大变局中的世界经济"国际学术会议

2019年5月,弗拉基米尔·昆特(中)参加上海大学主办的"大变局中的世界经济"国际学术会议,会后与上海大学经济学院党委书记陆甦颖(左)和执行院长聂永有合影

The Concept of Strategizing

战 略 规 划 概 观

2019年5月，弗拉基米尔·昆特（中）在上海与上海大学经济学院执行院长聂永有教授（右）和副院长毛雁冰合影

2019年5月，弗拉基米尔·昆特（左四）被聘为上海大学客座教授后与上海大学副校长龚思怡教授（左三）和经济学院执行院长聂永有教授（左二）等交谈

2019年5月,弗拉基米尔·昆特(右)与上海大学副校长龚思怡教授友好交谈

2019年9月22日,上海大学客座教授弗拉基米尔·昆特在上海大学举行的"深刻变化中的世界经济"(Profound Changing World Economy)论坛上发表题为"全球化趋势对国家、区域和和公司战略之间互动的影响"的演讲

The Concept of Strategizing

战 略 规 划 概 观

2019 年 6 月 11 日,弗拉基米尔·昆特在俄罗斯科学院大厅举行的俄罗斯科学院主席团成员和科学院成员大会上发表演讲

附 录

2019年10月8日,弗拉基米尔·昆特(右)和他的启蒙老师弗拉基米尔·伊万诺维奇·多尔基克(Vladimir Ivanovich Dolgikh,中),以及鲍里斯·瓦西里耶维奇·卡扎科夫(Boris Vasylievich Kazakov)在莫斯科合影

2019年10月8日,弗拉基米尔·昆特(右)与老师弗拉基米尔·伊万诺维奇·多尔基克在办公室合影

The Concept of Strategizing
战 略 规 划 概 观

2019 年 10 月 17 日，弗拉基米尔·昆特（中）在圣彼得堡参加俄罗斯国民经济与公共管理学院西北管理学院董事会会议

2019 年 10 月 22 日，莫斯科国立大学复杂数学研究所战略研究中心负责人弗拉基米尔·昆特（左六）领导的研究团队参观新库兹涅茨克 RUSAL 铝业联合公司（UC RUSAL）

附 录

2019年10月22日,弗拉基米尔·昆特(左二)在库兹巴斯切尔尼戈维采露天矿

2019年10月22日,弗拉基米尔·昆特(左三)在克麦罗沃州州长主持的会议上讨论2035年库兹巴斯战略观念

The Concept of Strategizing

战 略 规 划 概 观

2019 年 10 月 22 日，弗拉基米尔·昆特在位于库兹巴斯的俄罗斯多元化控股的西伯利亚商业联盟最大的项目中心

附 录

2019 年 10 月 22 日，弗拉基米尔·昆特在库兹巴斯世界上最大的自卸车前

2019 年，弗拉基米尔·昆特（右）获得圣彼得堡矿业大学荣誉博士学位

The Concept of Strategizing
战 略 规 划 概 观

2019 年,《战略理论与实践》(阿尔巴尼亚语版)封面用图

后 记

我认为,撰写本书的目的并不是要得出结论。通过后记,我只想告诉专业人士,经常参考本书的内容将使领导者和战略家们尽快地掌握他们所需要的深度战略思维,并有助于形成和发展他们对战略方法论和实践的看法。

这本书专门讨论了战略规划的理论和方法,以及国家和区域的系统化、条理化和分类,目的是使领导者和战略家可以在其所辖范围内最有效地实施战略构想,形成优先事项和有针对性的实施方案。对于国家、地区、市政单位的领导者以及在这些地区开展业务的战略家和战略规划的负责人而言,都必须对其所在地区进行分类。

The Concept of Strategizing
战 略 规 划 概 观

我希望将来能看到有关领导者和战略家的新书,也希望本书有助于促进新书的出现。

弗拉基米尔·昆特